영업은 대본이 9할

영업의 고수는 절대 가르쳐 주지 않는다!
영업은 대본이 9할

영업 대본을 만들어
내 것으로 삼는 것은 세일즈에서
압도적인 성과를 내는
가장 짧고 빠른 방법

저자가 세일즈
고수가 된 이유

상품이 잘 팔린다는 것은
'자신이 잘 판다'는 것 > 자신이 잘 팔면
자신감이 생긴다 > 자신감이 생기면
인생의 주도권을 자신에게

가가타 히로유키 지음 정지영 옮김

자사 상품을 사비로 250만 엔이나 들여 구매했던 내가 세일즈의 고수가 된 이유

나는 여러분과 만나는 이 순간을 계속 기다려 왔다.

여러분은 영업(세일즈)의 기술 발전에 흥미가 있거나 혹은 괴로운 현 상황을 어떻게든 해결하고자 이 책을 집어 들었을 것이다.

'영업 능력을 향상하고 싶어! 매출이 좀더 올랐으면 좋겠어!'

이렇게 생각하면서도 방법을 모르고 고생하고 있을 것이다.

혹시 다음과 같이 괴로운 나날을 보내고 있을지도 모른다.

- 빗속을 뚫고 영업을 하기 위해 이리 뛰고 저리 뛰었는데, "영업사원이라고? 오지 마세요!"라고 멸시당해서 기분이 푹 가라앉았다.
- 동기로 들어온 동료에게 실적을 추월당하고, 끝내는 후배에게도 추월

당해서 몹시 분한 마음에 아무 생각 없이 들어간 서점에서 책장에 진열된 영업 지침서를 그 자리에 서서 읽었다.

- 항상 코앞에서 계약 성사에 실패하는 일이 반복된다. 상사가 호통을 치고 추궁할 것이 뻔해서 회사에 돌아가는 발걸음이 천근만근이었다.
- '내가 팔고 있는 상품이 정말 잘 팔릴 만한 상품일까?'라며 영업에 자신이 없고 자사의 상품을 신뢰하지 못하는 마음이 생겼다.
- 잘나가는 선배에게 상담해도 "어떻게 하다 보면 잘 팔릴 거야"라며 판매 방식을 숨기고 가르쳐 주지 않았다.
- 상사가 "영업은 센스야" "제대로 해!" "영업은 기합으로 하는 거야!"라는 식으로 지도를 해서 전혀 도움이 되지 않았다.

이런 나날을 보내는 여러분에게 내가 하고 싶은 말이 한마디 있다.

"괜찮아"

나도 같은 괴로움을 맛보고 극복해 왔다.

그렇게 극복하는 가장 짧고 빠른 방법은 영업 대본을 만들어서 내 것으로 삼는 것이다.

최신 구매 심리를 이용해서 자연스럽게 고객이 원하도록 이끄는 영업 대본을 작성하고 체험할 수 있다면 몰라볼 정도로 세일즈 성과가 향상된다.

억지로 밀어붙이는 영업과 무관한 고객에게 감사받는 영업 방식을 터득할 것이다.

그런 세일즈 수법에 흥미가 솟지 않는가?

나는 '대본 영업'을 통해 많은 영업인의 실적 향상을 지원하는 영업 교육 전문가다.

잠시 자기소개를 하자면 처음 영업을 경험한 것은 연 매출 100억 엔 이상을 내는 당시 일본 최대의 자기계발 기업으로 이직했을 때였다.

처음 3~6개월 정도는 매출이 전혀 오르지 않아서 자사에서 판매하는 250만 엔 상당의 상품을 5년 대출로 스스로 구매할 만큼 어려움을 겪었다.

그러나 어느 날 영업 고수인 사람이 나를 좋게 봐주었고, 그 사람이 내 영업에 동행해 주면서 운명이 바뀌었다. 그곳에서 '어느 비결'을 알게 된 뒤 50~250만 엔의 상품을 영업하는 영업사원 약 400명 중에서 일등이 되었다.

게다가 영업 매니저로 실적을 인정받아 신규사업부 책임자를 맡으며 첫 해에 연 매출을 1억 엔으로 올리는 데에 성공했다. 영업 대본(토크 스크립트)을 토대로 한 영업 교육에 성공한 것이다.

그 후 이직한 결혼정보서비스 회사에서는 '성혼의 신'이라고 불렸다. 고객이 되어준 회원에게 커뮤니케이션 능력을 교육해서 성혼률(결혼률)을 극적으로 높이는 데에 성공했기 때문이다.

다음으로 존경하는 전 상사가 시작한 일본 최대 비즈니스 심리교육 회사에서 마케팅 세일즈 및 NLP 트레이너로 영업 기술을 심리학적 관점에서 '체계화'하는 일에 성공했다.

마지막으로 IT기업에서 영업 매니저로 활약하며 도산 직전에서 V자 회복에 성공했다. 단 반년 동안에 8,000만 엔/월에서 1.5억 엔/월(연 매출 20억 엔)으로 회복했다. 그리고 부하 직원 100명을 둔 사업부장으로 영업 교육에 성공했다.

알기 쉬운 예를 들자면 머리를 노랗게 염색하고 아르바이트를 전전하던 23살의 젊은이를 전화만으로 월 1억 엔 넘게 판매하는 판매왕으로 교육하는 데에 성공한 적도 있다.

이 '영업 대본'을 이용해서 다수의 업계에서 성과를 냈고, 또 대본 영업 방식을 이용해서 부하 직원의 육성 지도에서도 성과를 냈으며, 지금은 '수십 엔짜리 녹차부터 수십 억 엔짜리 태양광 발전

소까지' 팔게 하는 대본 영업 컨설턴트로 활동하고 있다.

그러면 여기에서 질문을 해보겠다.

"여러분은 영업에 대해 체계적으로 배운 적이 있는가?"

분명히 마케팅이나 접객을 배울 기회는 많다.

하지만 영업이야말로 교육이 필요한데 기회는 적은 것이 현재 상황이다. 결국 독자적인 방식이나 누군가를 보고 흉내내는 방식으로 영업을 하는 사람이 많아서 성과가 나오지 않는 일이 압도적으로 많다.

이대로는 의욕이 있어도 당연히 성과로 연결되기 어렵다.

다이어트로 예를 들면 알기 쉬울 것이다.

내가 실제로 체험한 일인데, 다이어트를 목적으로 헬스장에 회원 등록을 하러 간 적이 있다. 면담에서 우람한 근육을 가진 트레이너가 "어떻게 하면 살을 뺄 수 있다고 생각하세요?"라고 질문했다.

그 트레이너의 근육을 본 나는 "근력 운동을 하면 되겠지요"라고 대답했는데, 그는 "식습관이 9할, 운동이 1할입니다"라고 대답했다. 나는 몹시 놀랐다. 그러나 그 답이 진리임을 알고 즉시 그곳에 등록했다.

이것은 영업에도 적용되는 이야기다. 사실 영업 비결의 9할이 영업 대본이다.

결국 다이어트도 영업도 그 길의 전문가가 중요시하는 것과 일반 사람이 떠올리는 이미지에 큰 차이가 있다는 것이다.

잘못된 방법으로 다이어트를 하면 실패하듯이 잘못된 영업 방법을 사용하면 실적은 오르지 않는다. 여러분의 성과가 나오지 않는 것은 바로 **'영업 대본'이 만들어져 있지 않기 때문**이다.

이 책에서 전달하는 것은 영업 교육의 전문가인 내가 대본 영업 세미나에서 가르치고 있는 영업의 핵심, 즉 영업 대본을 작성하고 다듬는 지식이다.

영업 대본이란 '구매 심리를 토대로 고객이 갖고 싶다고 "느끼는 마음"을 자연히 끌어내는 프레젠테이션(상담)의 각본'을 말한다. 고객이 '갖고 싶다' '사고 싶다'고 느끼는 마음을 손쉽게 끌어낼 수 있는 재현성 높은 노하우만 있으면 10명의 잠재 고객 중 최대 8명과의 계약도 성사가 가능하다.

예를 들어 앞에서 잠시 언급했던 23세의 전 아르바이트생을 몇 개월 만에 월 1억 엔의 판매왕으로 교육했을 때의 이야기를 해보겠다. 그가 입사했을 때는 23세였다. 고등학교를 졸업하고 패밀리 레스토랑에서 아르바이트를 했으며 사회 경험도 없었다.

맨 처음 나는 '이런 녀석을 교육하는 건 쉽지 않겠어'라고 생각했고 솔직히 침울했다.

다만 그는 영업 경험이 없었으므로 매우 순수했다. 그는 주어진 영업 대본을 필사적으로 한마디도 놓치지 않고 반복해서 암기했다. 그는 내 가르침을 누구보다도 우직하게 반복했고 철저히 실천에 옮겼다.

나중에 알았지만, 부모가 파산하고 여동생의 교육비가 필요해서 그에게는 돈을 벌어야 할 이유가 있었다. 어설프게 영업 경험이 있는 사람이나 순수하지 않은 사람은 영업 대본대로 하지 않아 판매 실적이 저조해서 도중에 포기하는 일이 많다. 그러나 그는 일단 순수하게 잘 따라왔다.

그리고 눈 깜짝할 새에 성과를 쌓아서 한 달에 1억 엔을 판매하는 영업인이 되었다. 일단 순수하게 영업 대본을 따라 하며 철저히 기본을 지키고, 안건마다 상담을 돌이켜보면서 영업 대본을 개선하는 속도가 빨랐던 것이 승리의 요인이었다. 그가 판매왕이 된 비결은 다음과 같다.

(1) '영업 대본'의 철저한 활용

(2) '영업 대본'을 상담마다 개선해서 버전업

이것이 사회 경험 없는 23살의 전 아르바이트생이 입사 몇 개월 만에 월 1억 엔 이상을 판매하게 된 비결이다.

대본 영업을 터득한다면 이렇게 누구라도 무리 없이 계약 성사율이 올라간다.

그러면 어째서 영업 대본이 있으면 누구라도 성과가 나오는가?

먼저 상담의 준비가 완벽하게 끝난 상태이므로 항상 영업사원의 주도로 상담(프레젠테이션)을 진행할 수 있기 때문이다.

게다가 그 영업 대본은 과거의 성공이나 실패를 거쳐 다듬어져 있으므로 더 성과가 나오기 쉽다. 영업 대본이 없는 상담은 실패해도 개선할 수가 없으므로 같은 실수를 저지르기 쉽다.

그리고 무엇보다도 가가타 히로유키 방식의 진수인 '니즈 파고들기'를 영업 대본에 담아서 압도적인 계약 성사율 향상을 실현할 수 있기 때문이다.

'니즈 파고들기'는 대부분의 영업 고수가 (저도 모르는 사이에) 소화하고 있는 세일즈의 핵심이다. 이 내용은 본론에서 소개하겠다.

즉 이 책을 읽으며 영업 대본을 만드는 방법을 배우면서 동시에 영업의 고수가 저도 모르게 실천하고 있는 영업 수법의 핵심까지 받아들일 수 있다.

어떤가? 두근거리지 않는가?

완성된 영업 대본은 자신에게 최고의 영업 무기가 된다.

그러면 이제부터 최고의 무기를 함께 만들어보자.

대본 영업 추천의 목소리

💬 **주식회사 구루마노 미쓰쿠니 회장 하야카와 님**

"자동차 판매 경험이 없는 25세의 여성사원이 지금은 월 25대의 자동차를 판매하는 엄청난 영업사원으로 몰라보게 변신했습니다. 아주 평범했던 그녀가 실천한 것은 단 하나, 가가타 방식이었습니다."

💬 **FUNTRE 주식회사 대표이사 사장 야타베 아쓰시 님**

"지금까지 많은 영업 방식을 실천했지만, 가가타 선생님의 방식이 최고였고, 압도적인 효과를 거두었습니다."

💬 **주식회사 세러피스트 플래닛 대표이사 고히 쇼타로 님**

"가가타 선생님의 영업 방식을 실천하면 현장의 성과가 크게 바뀝니다. 저도 고액 상품의 계약 성사율이 30%에서 70%로 바뀌었습니다."

🗨 일반사단법인 일본퍼스널코디네이터협회 이사장 이노우에 시즈카 님

"세일즈에 서툴렀지만, 가가타 선생님의 시나리오 덕분에 계약 성사율이 세 배가 되었습니다."

🗨 치과의원 원장 미우라 님

"가가타 선생님의 지도를 받은 뒤 계속 최고 매출을 유지해서 의료법인 분원장의 자리를 차지했습니다. 인생이 바뀌었어요!"

🗨 생명보험 영업 사토 님(영업 2년차)

"가가타 선생님은 절망에서 밝은 미래로 인도하는 영업의 슈퍼맨입니다. 성과가 오르지 않아 도움을 받은 지 석 달. 단지 그뿐이었는데 새롭게 유치한 고객 수로 도쿄 1,000명 중 1위를 기록했습니다. 가가타 선생님에게 배우지 않는 것은 생각할 수도 없어요!"

🗨 생명보험 영업 구로바 님

"가가타 선생님의 컨설팅을 받는 동안에 효과가 즉각 나타났어요. 새롭게 부임한 곳에서 혼자서 1억 엔의 한계를 돌파(이 숫자는 지역의 영업소 20명 규모에서 기록하는 수치입니다)했을 때 정말 기뻤습니다. 기세를 몰아서 부임한 지 석 달 만에 연간 예산을 달성했던 것도 가가타 방식 덕분입니다."

🗨️ 외자계 보험영업 이토 님

"지금까지 하지 못했던 고객과의 약속을 잡고 상담까지 순조롭게 이어지게 되었습니다. 그때부터 상담의 대본을 다양하게 만들어 시행하고 수정을 거듭한 결과 계약 성사율 90%를 달성하고, 매출이 두 배로 증가했어요. 석 달 매출이 전국 20위 이내에 들었고, 도쿄 본사에 초청되었습니다! 하고 싶은 말이 많지만, 어쨌든 영업이 싫었던 제가 매일 즐거움을 느낄 정도로 마치 신이 내린 방식 같습니다."

🗨️ 외자계 보험영업 기하라 님

"가가타 선생님의 방식은 영업의 근본에서 중요한 고객 심리를 담아낸 주춧돌입니다. 이 배움 덕분에 무리하게 판매하지 않고도 계약 성사율이 두 배 이상 늘어났습니다."

🗨️ 외자계 영업 사사키 님

"세일즈에 대해 여러 가지 고민 해결의 실마리가 되었습니다. 계약 성사율이 올라갔고 그에 따라 매출이 두 배가 되었습니다."

🗨️ 외자계 의료회사 영업(MR) T님

"가가타 방식을 바탕으로 전략을 구축하고, 기간과 해야 할 일을 좁혀 전술을 세워 대량으로 행동한 결과 전국 3위, 도쿄 1위가 되었습니다!"

건강검진시설 영업 K님

"가가타 방식을 배우고 석 달 동안 승급해서 인생에서 가장 많은 급여에 보너스까지 받았습니다. 영업 컨설팅으로 영업 기술은 물론이고 인생을 배우고 있습니다."

법무사 후쿠이케 님

"가가타 선생님에게 영업(세일즈)만이 아니라 집객(마케팅)에 대해서도 배우고 있습니다. 홈페이지의 세미나 집객으로 고객화의 구조를 구축해서 매출이 두 배로 늘어났습니다. 정말 감사드립니다."

부동산중개업 야마구치 님

"지금까지 전단지의 반응률은 5,000장에 1건, 계약 성사율은 30%였습니다. 가가타 방식으로 구매 심리를 토대로 해서 직접 쓴 전단지로 바꾸었더니 반응률은 2,000장에 1건, 계약 성사율은 100%가 되었습니다! 월 2~3건은 계약 성사가 증가해서 전단지 배포 자체도 즐거워졌습니다. 새로운 부서를 가동하는 등 다음 단계로 발전하려는 도전 의욕이 솟아나고 있습니다."

부동산중개업 이가라시 님

"부동산 영업의 완전 초보(1년 차)인데, 개인 주택을 돌아다니는 영업을 하게 되어 인터넷에서 여러 가지 조사한 결과 가가타 선생님에게 배움을 청했습니다. 그 결과 즉시 2건의 계약(2,300만 엔과 3,200만 엔)이 정해졌습니다. 가가타 선생님의 가르침은 대단합니다."

◯ 탈모방지관리점 경영 마키하라 님

"가가타 선생님에게 배운 것(고객 방문 전에 인간관계를 구축하기 위한 질문 메일을 작성해서 고객의 니즈를 파악할 수 있었던 것)을 그대로 따라 하기만 했더니 상담 시에 단단한 인간관계가 만들어져서 계약 성사율이 25%에서 90%가 되었습니다. 매출도 세 배로 늘어나서 제 마음에 여유가 생겼습니다."

◯ 생명보험 영업소장 S님

"영업 경험이 없는데 3년 차에 영업소장이 되었습니다. 영업이 처음이었기에 제안해도 이루어지지 않았고 클레임에 대응하느라 침울한 나날을 보냈습니다. 선생님에게 구매 심리를 토대로 한 기술을 배우자 계약 수가 증가했고, 클레임이 무섭지 않게 되었습니다. 가가타 선생님은 저를 지옥에서 천국으로 인도해 주었습니다."

◯ 리모델링업체 경영 고토 님

"애초에 클로징이 되지 않아서 애써 받은 견적도 우체통에서 꺼내지 않은 채 방치했습니다. 대본 영업 방식을 배우고 계약 성사율은 40%에서 80%가 되었고, 매출도 120% 증가했습니다. 가가타 선생님의 방식은 효과 만점입니다."

🗨 정체원 경영 아키바 님

"지금까지 계획 없이 되는대로 해서 불안했지만, 구매 심리를 이용해 카운슬링 대본을 작성하게 되면서 상대가 갖고 싶다고 느끼는 마음을 끌어내게 되었습니다. 필요한 것을 알아내어 그것을 논리적으로 제안하게 되었습니다. 그 결과 매출이 120% 증가했습니다."

차례

서장
어째서 시간이 아무리 흘러도 팔리지 않는가?

제1장
대본 영업을 성공으로 이끄는 5단계

제2장
자기만의 영업 대본을 만들자

제3장
대본 영업 단계1
'인간관계 구축'

제4장
대본 영업 단계2
'니즈 파고들기와 원츠 끌어올리기'

제5장
대본 영업 단계3
'상품 설명'

제6장
대본 영업 단계4
'클로징'

제7장
대본 영업 단계5
'반론 해결'

서장

어째서 시간이 아무리 흘러도 팔리지 않는가?

여러분의 영업 고민은
무엇인가?

이 책의 목적은 '참 유익한 책이네'라고 생각하게 하는 것이 아니다. 구체적으로 성과 내기를 바라는 것이다.

그래서 갑작스럽지만 다음 질문에 대답해 주었으면 한다.

"영업에 대해 어떤 고민이 있는가?"

이 책을 손에 든 여러분은 영업에 관한 다양한 고민을 안고 있을 것이다.

"영업은 억지로 판매하는 거죠? 그건 정말 싫어요."

"원하지도 않고, 돈도 없는 사람에게 판매한다면 피해를 주는 것이 아닌가요? 미움을 사거나 싫어하지 않을까요?"

"애초에 완벽한 상품이 아니면 판매할 가치가 없지 않을까요? 자신이 없어요."

"고객을 찾을 수가 없어요."

"텔레마케팅 방법을 모르겠어요."

"접근을 어떻게 해야 할지 모르겠어요."

"설명하는 데에 지쳤어요."

"고객이 검토하고 생각해 보겠다는데, 반론에 반박하지 못해요."

이런 식으로 많은 고민이 있다.

그도 그럴 것이 고등학교나 전문학교, 대학교나 대학원(MBA)에서

마케팅을 가르쳐 주는 곳은 있어도 영업(세일즈)을 체계적으로 가르치는 곳은 없다.

그래서 헤매거나 괴로워하는 사람이 많다.

여러분이 경영자(간부)라면 이런 고민을 품고 있지 않겠는가?

"실적이 상위권인 영업사원은 판매를 잘하지만 신입은 전혀 실적이 없다."
"나는 실적이 좋지만, 감각으로 영업을 하고 있어서 설명할 수가 없다."
"사실은 경영자인 내가 영업 출신이 아니라서 영업 설명이 서투르다."
"강인하게 거래를 밀어붙이다가 지역에서 나쁜 소문이 돌까 무섭다."
경영자에게는 경영자의 업무가 있다.

따라서 톱 영업사원이 '부하 직원을 이론적으로 지도'하거나 '잘 팔리는 영업 대본을 작성'하거나 '모의 연습을 해주기'를 바라는데, 그들은 해주지 않는다. 그런 고민이 있을 수도 있다.

또한 경영자 중에서는 '영업 교육을 신뢰할 수 있고 실적 있는 외부의 영업 교육 전문가에게 맡기고 싶다!'고 생각하는 사람이 많다. 자신은 경영자의 업무에 집중하기 위해서다.

먼저 자신의 영업 고민을 명확히 하는 지점부터 시작해보자.

'기합-근성-감'으로는
팔 수 없다

영업을 가르칠 때, '기합-근성-감'을 말하는 사람이 많다.

"진심으로 하고 있지? (기합)"
"너라면 할 수 있어! (근성)"
"영업은 센스야! 영업은 인간력이야! (감)"

이렇게 비논리적이고 체계화되지 않은 지도 방식이 불만족스럽지 않은가?

지금도 잊을 수 없는 일인데, 영업직으로 이직했을 때 첫 상사가 "영업은 인간력이야!(우쭐한 얼굴)"라고 한 적이 있다. 나는 '인간력을 어떻게 단련해야 하지?'라는 생각에 어찌할 바를 몰랐다.

이런 식의 영업 지도는 현재도 비일비재하며, 신입 영업사원은 '지도받은 내용을 이해하지 못해서 영업을 못하는 건 내 잘못인가?'

라는 고민에 빠진다.

그러나 이것은 여러분의 잘못이 아니다.

갑자기 '비행기를 조종하라고 한다!'면 할 수 있는가?

당연히 할 수 없다.

'일상 대화'도 '영업'도 똑같이 입으로 말하기 때문에 같다고 생각하기 쉽지만, 사실 전혀 다르다.

나도 영업 회사로 이직했을 당시에는 그렇게 '기합-근성-감'을 강조하는 영업 지도를 받고 판매 실적이 전혀 나지 않아서 망연자실했다.

그 후 어떤 계기를 통해 논리적으로 체계화된 노하우를 터득해서 판매 실력이 향상되었다. 다음으로 그 이야기를 하고자 한다.

34

영업 실적이 올라가면 자기 인생의 주도권을 쥘 수 있다

나는 대학의 법학부를 졸업한 후 입시학원에서 강사를 하다가 휴대전화 사업자를 교육하는 컨설팅 회사로 이직해서 매장 직원에게 교육 연수를 실시했다.

계속 교육에 종사해오다가 **'인생을 살아나가려면 영업력이 필수구나!'**라는 생각에 연 매출 100억 엔이 넘는 자기계발 회사의 영업직으로 이직했다.

그곳은 세계 최대의 자기계발 회사였으므로 분명히 영업 교육도 제대로 할 것이라고 기대하고 입사했다.

하지만 실제로는 운동부 출신처럼 보이는 상사가 "영업은 인간력이야!"라고 추상적인 설교만 할 뿐 논리적인 세일즈 기술은 배울 수 없었다.

"고객의 기분을 이해하려면 날카로운 감각이 있어야 해. 그러니까 걸을 때 발바닥을 의식해!"라는 비논리적이고 효과가 없는 조언도 있었다.

그 결과 한 달, 두 달이 지나도록 전혀 판매를 못하는 나날이 이어졌고, 상사에게 매도를 당했다.

그러던 어느 날 목에서 이상을 느꼈다.

점심을 먹고 있는데, 목이 타는 듯이 아팠다.

동료에게 말했더니 "그거 식도암 아니야? 돌아가신 어머니하고 증상이 똑같아. 어쨌든 빨리 병원에 가봐!"라고 했다.

떨리는 마음으로 위내시경을 했더니 암이 아니라 역류성 식도염이었다. 스트레스로 술독에 빠져서 지냈기 때문인 듯했다.

너무나 궁지에 몰렸던 나는 자사에서 250만 엔에 판매하는 상품을 대출을 받아 내 돈으로 구매했다.

물론 그 후에도 판매 실적은 없었다. 석 달이나 팔지 못했기에 '이제 무리야. 관두자'라는 마음으로 양복 안쪽 주머니에 사표를 넣고 상사에게 이야기할 타이밍을 노렸다.

그런 시기에 갑작스러운 일로 회사 톱 영업사원의 마음을 얻어 그의 특수한 영업 수법을 아는 기회를 얻었다.

그의 영업에 동행해서 대화 내용을 녹음하고 몇 번이나 반복해서 들으며 문자로 기록해 영업의 체계화를 시도했다.

놀랍게도 그는 일본에 거의 알려지지 않은 어느 특수한 이론을 습득하고 그 이론을 바탕으로 영업을 하고 있었다. 녹음한 그 사람의 영업 대화를 100번 이상 듣고 분석하면서 그 수법을 이해했다.

그리고 그 특수한 영업 이론을 나도 사용하기 시작하자 우수한 영업 실적을 연이어 낼 수 있었다.

커뮤니케이션에서 중요한 것은 다음과 같다.

- **누가 이야기하는가?**
- **무엇을 이야기하는가?**
- **어떻게 이야기하는가?**

다만 '누가 이야기하는가?'에 해당하는 인간성이나 인간력을 개선하는 일에는 시간이 걸린다.

구매 심리학으로 봤을 때 '무엇을 이야기하는가?'에 해당하는 영업 대본과 '어떻게 이야기하는가?'에 해당하는 잠재 고객과의 대화 방식이 누구나 개선할 수 있는 방법이었다.

내가 '대본 영업'에
눈을 뜬 경위

그 후 좋은 실적을 냈던, 나는 영업팀을 맡게 되었다.

그러나 개인적으로는 판매 실적이 좋았지만, 부하 직원의 실적을
올려주지는 못했다.

흡연하는 영업사원이라면 알겠지만, 대개 1시간마다 담배를 피
우며 스트레스를 해소한다. 일을 하다가 어느 날 흡연실 창문에 비
친 내 모습을 봤는데 이상했다. 스트레스 때문에 너무 마른 모습이
었다. 몸무게가 10kg 이상 빠졌다. 나는 덜컥 겁이 났다. (지금은 담
배를 피우지 않는다.)

사무실에 돌아오면 내 상사가 내 부하 직원을 매도했다.

"영업은 실적이 곧 인격이야!"

"너는 월급 도둑이야!"

"팔기 전에는 회사에 들어오지 마."

판매를 못하는 부하 직원에게는 손에 전화를 접착테이프로 칭칭 감아서 몇 시간이나 앉지 못하게 세워두고 전화를 계속 걸게 했다. 부하 직원들은 이미 엄청난 스트레스를 받고 있었다. 부하 직원의 스트레스를 풀어주지 않으면 눈 깜짝할 사이에 뛰쳐나갈(퇴직할) 것 같았다. 타 부서에서는 정신질환인 공황장애, 우울증 그리고 메니에르병(어지러움과 난청 등을 동반하는 내이 질환) 등을 앓는 직원이 나오는 회사였다.

매일 업무가 끝나면 그들과 술집 거리로 몰려나가서 만취할 때까지 술을 마셨다. 한 달에 120~130만 엔의 월급은 전부 술값으로 사라졌다.

그러던 어느 날 손가락 끝이 따끔따끔 아프기 시작했다.

나는 콘택트렌즈를 사용했기에 '콘택트렌즈 세정액이 스며든 건가?' 하고 마음에 두지 않았다. 그런데 피부색이 빠지기 시작했다.

극도의 스트레스로 백반증(마이클 잭슨과 같은 병)이 생긴 것이다.

지금도 내 손가락 끝의 관절은 색이 빠져 있다.

'이제 더는 힘들어. 죽고 싶어…'

자살하는 사람의 마음을 처음으로 알 것 같았다.

죽음을 생각하면 일반적으로 '아프겠지. 무서워'라는 생각이 들 것이다. 하지만 정말 자살하고 싶을 때는 죽는 것이 지금보다 '마음 편해질 것' 같은 생각이 떠오른다.

'전철에 뛰어들면 편해지겠지'

이런 생각을 할 정도로 궁지에 몰렸을 때 서점에 있는 심리학책을 만났다.

당시 무명의 그 선생은 실제 임상에서 실적을 내고 있는 '살아 있는 심리학'을 가르쳐 준 사람이었다. 즉 '진짜' 전문가였다.

지푸라기라도 잡는 마음으로 그 선생님의 사무실을 찾아갔다. 그리고 그 이론을 필사적으로 배우고 흡수하고 실천해서 부하 직원을 교육하는 데에 성공했다.

"가가타 씨는 제 스승이에요!"

예전 부하 직원 중에 이렇게 말해주는 사람이 지금도 많다.

그때 '영업 교육이 정말로 내 사명임'을 깨달았다.

그 후 팀 실적으로 좋은 평가를 받고, 신규 사업의 책임자를 맡게 된 뒤 첫 해에 연 매출 1억 엔을 올리는 데에 성공했다.

내 영업 교육 내용은 두 가지다.

- **영업 대본의 작성** ⇨ **무엇을 말할 것인가?**
- **고객에게 전달하는 대화 방식 기술** ⇨ **어떻게 말할 것인가?**

나는 2000년부터 영업 인생을 시작해서 다수의 회사에서 세일즈 매니저로 부하 직원을 교육한 실적을 남겼다.

그런 내가 확실하게 말할 수 있는 것은 다음과 같다.

'영업은 대본이 9할'이라고 하는 것이다.

나는 '수십 엔의 녹차'부터 '수억 엔의 태양광 발전소' 등 다양한 업태의 영업 컨설팅을 실시하고 있지만, 가르치는 내용은 똑같다.

- **구매 심리를 바탕으로**
- **'잘 팔리는 영업 대본'을 작성하고**
- **잘 전달되는 대화 방식을 훈련한다.**

이렇게 하면 누구라도 판매 실력이 좋아진다.

이것이 '대본 영업'에 눈을 뜬 계기다.

영업의 고수, 자신도 모르게 하고 있는 '니즈 파고들기'

"지금까지 체계적인 영업 방법을 배운 적이 없다."

주변에 이렇게 말하는 사람이 많다.

특히 영업의 고수라고 불리는 사람일수록 다른 사람을 가르치지 않으려는 경향이 강하다.

왜 그럴까? 우리 주변에 있는 톱 영업사원들은 가르침을 주지 않는 것일까?

조금만 생각해보면 알겠지만, 톱 영업사원은 다른 영업사원과의 경쟁에서 누구보다도 욕심을 부렸기 때문에 톱이 될 수 있었던 것이다.

따라서 '누군가에게 가르쳐 주겠다'는 마음이 애초에 없다.

백 보 양보해서 톱 영업사원이 '막상 가르쳐 주자'고 생각해도 이제까지 감각으로 일을 해왔기에 가르쳐 줄 수 없는 경우도 많다.

누군가 매출을 올리고 있으면 회사에서는 "전문가로서 세일즈에 매진할 것인가?" "매니저가 될 것인가?"라고 한쪽 길을 요구한다.

그러나 현장에서 직접 뛰는 매니저라고 해도 다른 사람을 교육하는 것보다 '스스로 매출을 올리는 편'이 편하며, '스스로 매출을 올리고 있으면 존재감을 보일 수' 있으므로 부하 직원을 교육하기보다 자신이 매출을 올리려는 유혹을 저버릴 수가 없다.

나는 대학 시절 학원 강사로 시작해서 대학 입시학원 강사, 전문학교 강사, 비즈니스 세미나 트레이너 등 교육 전문으로 경력을 쌓아왔다. 그러면서 항상 다음을 염두에 두었다.

"내가 잘하는 이유가 무엇인가?"

"어떻게 하면 부하 직원이 잘할 수 있을까?"

그래서 이렇게 반복적으로 효과가 나오는 지도를 할 수 있었다.

영업의 비법은 한마디로 말하자면 클로징보다 니즈 파고들기다.

나는 전국에서 영업 연수와 영업 컨설팅을 하고 있다.

예를 들어 창업 50년의 역사가 있는 영업 회사에서 영업 연수를 했을 때 톱 영업사원이 이런 말을 했다.

"저도 모르는 사이에 그것(니즈 파고들기)을 하고 있었어요! 우리가 제대로 하고 있었군요."

톱 영업사원들은 '니즈 파고들기'를 숨어서(저도 모르는 사이에) 하고 있다. 단지 세상에 널리 퍼지지 않았을 뿐이다.

그렇게 영업의 고수들이 숨어서 하고 있는 비밀의 방법(니즈 파고들기)을 이 책으로 체험할 수 있다. 만약 '니즈 파고들기가 뭐지?'라고 생각된다면 이제부터 알아보자.

앞으로 계약 성사율이 수십 퍼센트 향상될 것이다. 기대해도 좋다.

서장 정리

- '기합–근성–감'으로 하는 영업은 절대로 성공할 수 없다.

- 구매 심리를 바탕으로 잘 팔리는 영업 대본을 작성하고, 잘 전달되는 대화 방식을 훈련하기만 하면 된다.

- 잘 팔리는 영업 대본의 핵심은 '니즈 파고들기'에 있다.

제1장

대본 영업을
성공으로
이끄는 5단계

잠재 고객의 80%까지는 영업 대본을 다듬으면 계약이 성사된다

영업을 하는 데에 피할 수 없는 것이 계약 **'성사율'**이다.

이것은 문자 그대로 영업을 해서 계약을 성사시킬 확률이다.

여러분은 자신의 영업에서 계약 성사율이 몇 %인지 파악하고 있는가?

영업을 10건 중에 5건 성사된다면 계약 성사율 50%이다.

6건이 정해진다면 60%이다.

먼저 자신의 계약 성사율을 수치화해보자.

'대본 영업'을 이용한다면 계약 성사율은 잠재 고객의 80%까지는 가능하다.

계약 성사율 80%의 영업사원은 어떤 상태일까? 10명의 고객이 있다면 2명은 거의 확실히 잡을 수 있다. 4명까지는 간단히 설득할 수 있다. 6명까지는 쉽게 결정이 내려지지 않는다. 영업력이 있으면 8명 정도는 클로징할 수 있는 느낌이다.

반대로 말해 계약 '성사율 100%'는 있을 수 없는 일이다.

영업 서적이나 세미나를 보고 있으면 종종 "나는 계약 성사율이 99%입니다"라고 말하는 사람을 발견하는데, 그것은 뭔가 이상한 일 (부정)을 하고 있거나 잠재 고객의 기준이 지나치게 낮은 것이다.

자신의 계약 성사율이 80% 전후 정도라면 그것이 정당한 수치라고 생각하기 바란다.

내 영업 컨설팅 클라이언트 중에 계약 성사율이 20%였던 사람이 40%가 되거나 20%였던 사람이 60%가 되어 굉장히 기뻐하는 모습을 많이 보았다. 단순히 매출이 올랐기 때문이다.

당연하지만 계약 성사율이 두 배가 된다면 매출도 두 배가 된다.

그러므로 먼저 계약 성사율의 목표를 정하자.

예를 들어 여러분이 지금 10건 중 4건이 성사되어 계약 성사율이 40%, 성사된 액수가 400만 엔이라면 **"한 달 후까지 계약 성사율 60%, 성사 액수를 600만 엔으로 하고 싶다"**라는 식으로 스스로 정하는 것이다.

여기에서 한 가지 진정한 목표를 정하기 위한 요령을 소개하겠다.

여러분의 소중한 사람이 유괴되었다고 생각해보자.

"한 달 후에 ○○○만 엔을 가지고 오면 석방해주고, ○○○만 엔을 가지고 오지 않으면 죽이겠다."

유괴범에게 이런 말을 들었다.
얼마까지라면 간신히 마련할 수 있는가?

'10억 엔을 가지고 오라고 하는 건 현실적이지 않지'

이렇게 생각할지도 모른다.
극단적인 예이지만, 목숨을 걸고 간신히 가능한 것이 어느 정도 인가? 그 정도를 목표 수준으로 설정하기 바란다.

이런 이야기를 하면 "그렇게 혹독하게 목표를 설정하다니. 계속 달려야 하니까 힘들 것 같은데"라고 말하는 사람이 있을 것이다.
하지만 한 번 에스컬레이터를 상상해보자.
1층으로 내려오는 에스컬레이터를 한 계단씩 역주해서 올라간 다면 어떨까? 에스컬레이터를 역주해서 올라갈 때는 힘을 내야 하 지만 2층으로 올라가면 쉴 수 있다.

그것과 마찬가지로 한 번 완수하면 그것이 보통의 기준이 된다.

처음에는 힘들겠지만, 하다 보면 그렇게 노력하지 않아도 자연스럽게 유지된다. 그러니 "한 번 한계까지 힘을 낸다면 어디까지 힘을 낼 수 있을까?"라는 형태로 목표를 생각해보자.

계약 성사율을 80%로 만들기 위한 다섯 단계

지금 여러분 앞에 펜이 떨어졌다고 상상해보자.

이것은 어떤 법칙인가?

'만류 인력의 법칙'이다.

떨어지는 장소가 지구상 어디여도 펜은 떨어진다. 이것과 마찬가지로 '구매 심리'도 원리원칙이 있다.

위치가 어디든 사람이 물건을 사는 데에는 사고 싶어지는 '원리원칙'이 있다는 말이다.

이것은 다섯 단계로 되어 있다.

- 단계1 | '인간관계 구축'
- 단계2 | '니즈 파고들기와 원츠 끌어올리기'
- 단계3 | '상품 설명'
- 단계4 | '클로징'

· 단계5 ｜ '반론 해결(반론 처리)'

인간관계를 구축하지 않고 갑자기 '상품 설명'을 하면 고객은 어떻게 생각할까? '강매하러 왔다!'고 생각해서 마음을 닫고 말 것이다.

따라서 인간관계를 제대로 구축한 뒤 니즈(Needs)를 파고들고, 원츠(Wants)를 떠오르게 하고, 상품 설명으로 상품을 구매한 다음에 오는 미래의 가능성을 보인다. 그리고 클로징, 반론 해결까지 가는 단계가 '구매 심리'를 바탕으로 계약 성사율 80%가 되는 공식이다.

그러면 각 단계를 간단히 설명하겠다.

단계1
인간관계 구축

예전 영업사원은 '클로징'이나 '반론 해결(반론 처리)'을 중시하는 영업 스타일을 보였다. 그래도 계약이 성립했기 때문이다.

그러나 '상거래법'이 개정되면서 강하게 밀어붙여서 맺은 계약은 위약금 없이 해제할 수 있는 등의 소비자 보호가 가속되었다.

또한 인터넷과 SNS의 보급으로 "저 회사는 블랙 기업이야"라는 나쁜 소문이 퍼지기 쉬워져서 클로징이나 반론 해결(반론 처리)을 중시한 강인한 상담은 성립하지 않게 되었다.

그래서 현재의 상담은 '인간관계'를 구축하는 것이 더욱 중요해졌다.

'인간관계 구축'에 대해서는 제3장에서 자세히 전수하겠다.

단계2
니즈 파고들기와
원츠 끌어올리기

고객이 "지금 당장 진심으로 바꾸고 싶다"라는 마음이 들게 하는 것이 니즈 파고들기이고, "그 상품이 갖고 싶어서 안절부절못하겠다"라는 상태가 되는 것이 원츠 끌어올리기다.

즉 '니즈 파고들기'는 '지옥을 보이는 일'이고, '원츠 끌어올리기'는 '천국을 보이는 일'이다.

그리고 이 '니즈 파고들기'는 내 영업이론의 '최대 특장'이다.

말하자면 지옥을 보여서 '더는 싫어!'라고 생각하게 한 다음 '천국', 즉 상품이 손에 들어온 꿈과 같은 상태를 보이는 방식이다.

이 '니즈 파고들기'는 '고객의 고뇌와 대치'하는 전문적인 영업인이 하고 있는 수법으로 세상에 널리 퍼져 있지 않다. 따라서 이것을 체험한다면 계약 성사율이 10%, 20%, 부쩍부쩍 오를 것이다.

단계3
상품 설명

니즈 파고들기와 원츠 끌어올리기까지 완료했다면 그곳부터 드디어 상품 설명에 들어간다. 사실 '상품 설명'에는 훌륭한 공식이 있다.

그것은 'FABEC의 공식'이다.

이것은 내 독창적인 방식은 아니다.

세일즈 격전지인 미국에서 개발된 상품 설명 법칙이다.

매우 훌륭한 법칙이므로 제5장에서 설명하겠다.

기대하기 바란다.

단계4
클로징

영업은 '설명'일까? 아니면 '설득'일까?

여러분이 고객을 이해시키려고 하거나 납득시키려고 한다면 영업에서 고전할 것이다. 아직 구매하지도 않은 미지의 상품-서비스를 문외한인 고객이 100% 이해하거나 납득할 수 없기 때문이다.

영업은 유도한다고 생각해야 한다.

- 설명 → 이해
- 설득 → 납득
- 유도 → 고객이 스스로 '원해서' 고른다

'이해시키거'나 '납득시키려'고 노력해도 고객은 영업사원보다 자세히 알지 못하므로 아무리 해도 무리한 클로징이 된다. 강인한 클로징은 서로 싫지 않을까? 따라서 고객이 자연스럽게 원하게 되는 클로징을 해야 한다.

뱀의 꼬리가 어디부터인지 모르는 것처럼 톱 영업사원의 클로징은 '어디부터 클로징인지 모를 정도'로 자연스럽다.

방식은 매우 간단하다.

고객이 '선택하는 클로징'이다.

사람은 강요받으면 거부하려고 하지만, 선택의 갈림길에 서면 어떤 것을 고르려고 하는 습성이 있다. 인간의 심리에는 스스로 정하고 싶은 욕구가 있기 때문이다.

선택지를 제시하면 '스스로 고른다'는 만족감을 줄 수 있다.

클로징의 '비법'에 대해 상세한 내용은 제6장에서 전수하겠다.

단계5
반론 해결(반론 처리)

신입 영업사원, 영업 경험이 없는 가게 사장님, 기업가에게 자주 듣는 고민이다.

"고객이 검토하겠다고 하면 아무것도 하지 못하고 그대로 고객을 놓치고 말아요"라는 말이다.

예를 들어 클로징 후에도 고객은 구매 의사를 굳히지 않는 경우가 많고, 제안에 대해 '질문'하는 일도 있다.

영업사원은 '단지 질문임'에도 고객이 거부했다고 생각해서 포기하기도 하는데, 그것은 안타까운 일이다. 따라서 **'반론이 오는 것이 당연하다'**는 마음가짐으로 '반론 해결(반론 처리)'을 준비해두자.

반론 해결에는 4단계가 있다.

(1) 질문한다 → 검토의 상황을 명확히 한다

(2) 공감하고 칭찬한다 → 영업사원의 이야기를 '들을 자세'를 만든다

(3) 제안한다 → 알기 쉬운 이점을 느끼는 제안을 한다

(4) 명확한 이유 부여 → 명확한 이유로 '납득'시킨다

이상의 4단계 후에 다시 한번 클로징을 하는 흐름을 반복한다.

고객이 "조금 생각하고 싶습니다"라고 하면 반론 해결, 반론 처리를 하는 흐름이다.

반론 해결(반론 처리)의 목표는 고객에게 '안심'을 주는 일이다.

자세한 내용은 제7장에서 전달하겠다.

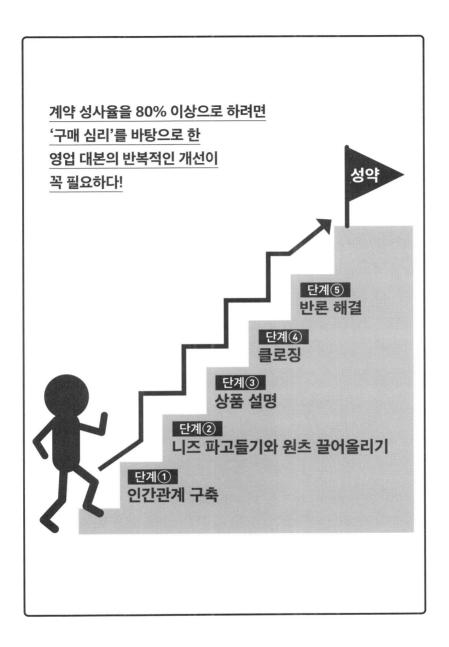

계약 성사율을 80% 이상으로 하려면
'구매 심리'를 바탕으로 한
영업 대본의 반복적인 개선이
꼭 필요하다!

성약

단계⑤
반론 해결

단계④
클로징

단계③
상품 설명

단계②
니즈 파고들기와 원츠 끌어올리기

단계①
인간관계 구축

제1장 정리

- 먼저 계약 성사율의 수치화가 중요하다

- 계약 성사율 80%를 목표 기준으로 한다

- 잘 팔리는 영업 대본은 구매 심리를 바탕으로 5단계로
  구성되어 있다

- 단계 ① | 인간관계 구축
- 단계 ② | 니즈 파고들기와 원츠 끌어올리기
- 단계 ③ | 상품 설명
- 단계 ④ | 클로징
- 단계 ⑤ | 반론 해결(반론 처리)

제2장

자기만의

영업 대본을

만들자

영업 대본 작성 시의 세 가지 포인트

그러면 이제부터 함께 '영업 대본'을 만들어보자.

영업 대본을 작성할 때는 세 가지 포인트가 있다.

(1) 처음이 가장 힘드니 완벽을 추구하지 말고 일단 착수한다

어떤 일이든 첫걸음이 가장 힘들고 피곤한 법이다.

무언가를 시작할 때를 떠올려보자. 역시 처음에 가장 지치지 않았는가?

가령 회사에 처음 출근한 날, '이렇게 힘든데 계속 다닐 수 있을까?'라고 걱정했을 것이다. 그러나 익숙해지면 그렇게까지 에너지를 쏟는 일은 없다.

만약 아무리 해도 혼자 영업 대본을 작성하기가 힘들다면 전문가의 도움을 받는 것도 방법이다.

(2) '구매 심리'를 바탕으로 영업 대본을 작성한다

영업 대본을 만들 때 '축'을 어디에 두어야 할까? 여러분도 의문이 들 것이다.

답은 바로 '구매 심리'다.

고객의 입장이 되어 '나라면 어떻게 생각할까?'를 떠올려보자. 거기에 모든 답이 숨어 있다.

(3) 끝없이 개선해 나간다

최근에는 스마트폰을 쓰지 않는 사람이 거의 없듯이 시대도 고객도 계속 바뀐다.

물론 경쟁사도 바보가 아니므로 경쟁 상품과 서비스도 진화한다.

따라서 '영업 대본'도 진화할 필요가 있다.

'영업 대본'에 완성이란 없다. 끝없는 개선만이 있을 뿐이다.

나만의 영업 대본을
써 내려가 보자

영업 대본은 말하자면 대화하기 위한 대본이라고 할 수 있다.

대본에는 '어떤 고객을 공략하고 싶은지!' 상상한 구체적인 타깃이 들어가야 한다.

예를 들어 '최근 프레젠테이션(데모, 상담)에서 바로 눈앞에서 놓친 고객 A사'라는 식이다.

모든 고객에 통용되지 않아도 된다.

영업 대본으로 대응할 수 있는 '고객 대상'을 좁히자.

오히려 모든 고객에 대응할 수 있는 영업 대본을 만들면 추상적이라서 아무에게도 대응할 수 없는 영업 대본이 되고 만다.

이렇게 이야기하면 "영업 대본을 몇 십 종류나 작성해야 하는 건가?"라고 걱정할 수도 있지만, 그렇지 않으니 안심하기 바란다.

대표적인 잠재 고객을 예상해서 작성하면 된다. 많아도 3~5가지 패턴일 것이다.

그리고 그 대본을 변형하면 된다.

구체적인 고객을 예상해서 영업 대본을 작성하자.

이때는 앞서 설명했던 구매 심리에 따른 '5단계를 이용'해서 쓰면 된다.

만약 시간이 없다면 자신의 상담을 녹음한 뒤 외부 업자에게 맡겨 문자로 바꾸어 기록하도록 하고, 그것을 토대로 변경(재구성)할 수도 있다.

혹은 뛰어난 영업사원의 실제 상담 대화를 녹음한 음성이 있다면, 그것을 문자로 바꾸어 기록하는 것도 효과적인 방법이다.

좋은 영업 대본,
나쁜 영업 대본

영업 대본에는 좋은 것도 있고, 별로인 것도 있다.

그러면 좋은 영업 대본이란 어떤 것일까?

〔**형식면**〕

• 목차, 페이지수가 기재되어 있어 읽기 편하다

• 각 단계의 목표가 명확히 기재되어 있다

• 고객 패턴은 많아도 다섯 패턴 정도. 먼저 전형적인 고객에 대한 대본
  을 작성했다

• 항목만이 아니라 구체적인 대화 형식으로 되어 있어 신입도 알기 쉽다

〔**내용면**〕

• 대화의 의도, 배경, 목적이 기재되어 있어 응용이 가능하다

• 베테랑도 활용할 수 있다

- 신입이 봐도 이해할 수 있는 수준이다
- 구체적인 고객을 예상해서 만들었다
- 슬럼프에 빠졌을 때 뒤돌아볼 수 있다

이런 식으로 정리되어 있다.

반대로 이 포인트가 파악되지 않는 대본은 안 좋은 영업 대본이라고 말할 수 있다.

참고로 다음 페이지에 영업 대본의 샘플을 실었다. 우선 알기 쉽도록 하기 위해 내용을 상당히 단순화했는데, 대본을 만들 때 참고로 하기 바란다.

덧붙여서 다음 샘플에서 중심이 되는 '니즈 파고들기'는 효과적인 반면 임팩트가 크므로 이 책을 순서대로 읽으며 진의를 이해하지 않는다면 "고객을 선동하는 거 아닌가?"라고 좋지 않게 생각될 수도 있다. 다만 이 부분을 터득하면 고객을 위하는 것을 알게 되고, 계약 성사율이 증가하는 절대적인 효과를 얻을 것이다.

대본 영업 샘플 1

- 업종 | 결혼 정보 서비스 영업
- 상황 | 30대 미혼 남성이 회원 등록 설명을 들으러 내점
- 니즈 파고들기 → 원츠 끌어올리기까지의 사례

영업 ○○씨는 매우 멋진 분이시네요. 인기가 많으시겠어요?

고객 아니요. 그렇지 않아요. 만남이 없어서요.

영업 아, 만날 기회가 없으시군요. 만남이 없으면 아무것도 시작되지 않지요. 소개팅 같은 건 해보셨어요?

고객 예전에는 했었지만, 지금은 거의 하지 않아요. 귀찮기도 하고.

영업 그러시군요. 20대 초반에는 종종 하지만, 점점 그런 기회도 없어지지요. 직장에서의 만남은 어떠세요?

고객 음. 전부 결혼하신 분들만 있어서요.

영업 역시 그렇군요. 알겠습니다! ○○씨는 매우 멋진 분이신데, 애초에 만남의 기회가 없었던 거군요. 혹시 집, 회사, 편의점만 왔다 갔다 하는 생활을 하시나요?

고객 네······.

영업 ○○씨는 정말 멋진 분인데 안타깝네요. 당연한 말이지만 만남의 기

회가 없으면 이성과 교제할 일도 없고, 그러면 결혼도 있을 수 없는 일이지요.

고객 그렇죠! 월요일부터 금요일, 아침부터 저녁 늦게까지 일을 하고, 토요일에 휴일 근무도 많아요. 그래서 일요일은 피곤해서 계속 잠만 자고…….

영업 이해합니다. 힘드시겠어요.

영업 조금 싫으실 수도 있는데, 잠시 상상해보세요. 만약 만남의 기회가 계속 없다면 연애나 결혼은 어떻게 될까요?

고객 음. 상황은 바뀌지 않겠지요. 늘 혼자…….

영업 그렇지요. 눈 깜짝할 새에 혼자인 채로 1년, 3년, 5년이 지날지도 모르겠네요.

고객 맞아요. 그렇게 생각하니 무섭네요.

영업 혹시 직장에 나이가 들었는데도 결혼하지 않은 분이 계신가요?

고객 그럼요. 있죠.

영업 실례되는 이야기일지도 모르겠지만, 나이가 어느 정도 들었는데, 한번도 결혼 경험이 없는 남성은 뭔가 이상한 사람이지 않을까 걱정하는 분들이 있더군요. 그래서 업무 능력은 있는데, 인간적인 결점이 있는 것 아니냐며 이상한 소문이 돌거나 매니지먼트적으로 부적격이라는 인사 평가가 내려져서 출세 가도에서 밀려나거나 좌천되는 일도 있어요.

고객 맞아요! 저희 회사는 능력이 아무리 뛰어나도 독신이면 승진이 안 돼요.

영업 그렇군요. 그렇게 되면 해고 후보가 돼서 모르는 지역으로 좌천되어 다들 하기 싫어하는 어려운 업무를 맡거나 혹독한 할당량을 부과 받고, 나이 어린 상사에게 시달리기도 하겠지요.…… 그런 식이면 의욕이 없어지고 아무도 상대해주지 않아 더 우울해지고……. 지금은 괜찮지만, 40대 후반이나 50대에 그런 괴로운 상황에 처하는 분도 사실 많습니다. 만약 ○○씨가 그런 상태가 된다면 어떨 것 같으세요?

고객 상상도 하고 싶지 않네요.

영업 그래도 만약 상상한다면?

고객 회사를 관둘지도 모르겠네요.

영업 그렇지요. 괴로울 테니까요. 우울한 상태가 되어 회사를 관두고, 실업 급여가 끊기면 생활 보호 대상자가 될지도…….

고객 그러게요. 살아갈 희망이 없어져서 어쩌면 아무도 모르게 자살할지도 몰라요.

영업 맞아요. 그렇게 되고 싶지 않은 기분이 강하신가요?

고객 물론이죠!

영업 어째서 그러신가요?

고객 아직 가능성이 있다고 생각해요.

영업 그렇죠! ○○씨는 정말 멋진 분이니까요. 그럼 반대로 한 달에 2~3명 정도 정기적으로 데이트할 기회가 있다면 어떠시겠어요?

고객 생활에 활기가 돌지도 모르겠네요.

영업 맞아요! 물론 당장 제대로 될지 어떨지는 모르지만, 한 달에 2~3명 정도 만나다 보면 패션에도 신경을 쓰면서 세련되어질 거예요. 만남을 반복하다 보면 커뮤니케이션도 능숙해져서 그것을 업무에서 살릴 수도 있고요.

고객 어쩐지 두근거리네요.

영업 대부분의 고객이 주말에 데이트를 한다고 생각하면 두근거리니까 일상도 신선해져서 일할 의욕이 난다고 말씀하세요. 물론 3개월, 6개월 노력하면 멋진 분과 교제를 시작해서 결혼에 이를 수도 있고요.

영업 아! 그러고 보니 ○○씨는 어떤 타입의 여성을 좋아하세요?

고객 연예인으로 말하자면 △△씨 같은 여성 타입을 좋아해요.

영업 좋네요!

영업 결혼을 하신다면 어떤 가족을 이상적으로 꿈꾸고 계신가요?

고객 가족 행사를 제대로 하고 싶어요! 예전부터 아이 유치원 운동회에서 멋지게 달리기를 하는 제 이미지를 그려왔거든요.

……클로징으로 이어짐

대본 영업 샘플 2

영업 귀사는 급성장하고 계시네요. 업계에서도 소문이 자자해요.

고객 아니에요. 그렇지 않아요. 사실은 꽤 문제가 있거든요. 그래서 오늘 모신 거예요.

영업 역시 그러시군요. 급성장하고 있으니 거기에 따라오는 부작용도 여러 가지 있겠지요. 영업 부서에 관해서라면 채용, 육성, 평가, 배치, 어떤 것에서 곤란함을 겪으시나요?

고객 영업사원의 육성이 성장을 따라가지 못하고 있어요.

영업 아, 그렇군요. 모두 평상시 업무로 바쁘니까요. 교육에 시간을 쓸 수 없는 거지요.

고객 맞아요! 일 매출의 할당량도 있어서 매뉴얼 만들 시간도 없어요.

영업 네, 알겠습니다. 그러면 톱 영업사원과 신입 영업사원의 매출 차이가 상당히 있을지도 모르겠네요.

고객   맞아요. 톱 영업사원은 상당히 많이 판매하는데, 막 들어온 영업사원은 영업 경험이 없어서 실적이 없어요.

영업 굉장히 안타까운 상황이네요. 10명의 영업사원이 있다고 할 때 톱 영업사원 혼자서 매출을 100만 엔이나 올려도 남은 9명의 매출이 0엔이라면 전체 매출은 100만 엔이지요. 반면 10명 전원이 각각 60만 엔씩 판매한다면 톱 영업사원이 없어도 전체 매출은 600만 엔이 되는 걸 텐데요.

영업 저희 회사의 클라이언트도 일전에 톱 영업사원이 병이 걸리면 매출이 격감할 거라고 말씀하시더군요.

고객 그러니까요! 저희도 얼마 전 톱 영업사원이 병으로 쉬는 바람에 전체 매출이 확 줄어들었어요.

영업 역시 그렇지요. 만약이지만 지금처럼 톱 영업사원에 의존하는 상태가 이어지면 어떤 리스크가 있을까요?

고객 좀 전에도 이야기했듯이 매출에 불균형이 있겠네요. 또 매출이 급감하는 일도 있을 수 있고요. 그렇게 되면 출점 계획이 불투명해지는데…….

영업 맞습니다. 매출이 불안정하고 사업 확장에도 리스크가 있을 거예요. 그런 상태에서 경쟁사가 맥도널드처럼 영업을 매뉴얼화해서 공세를 해오면?

고객 아, 사실은 경쟁사가 지금 대단한 기세로 저희 회사를 추격하고 있어요.

영업 그건 힘든 상황이네요. 경쟁사가 대단한 기세로 쫓아오면서, 더더욱 매출을 늘린다면 귀사는 어떤 상태가 될까요?

고객 물론 매출이 급감하겠지요.

영업 매출이 내려가면 어떻게 될까요?

고객 글쎄요.

영업 그렇게 되지 않도록 만일의 리스크 매니지먼트 관점에서 생각한다면?

고객 적자가 되겠지요.

영업 그렇지요. 만약 적자가 이어진다면?

고객 비용 절감을 하지 않으면 최악의 상황에서는 직원을 해고해야 할지도……

영업 직원을 해고한다면 회사의 사기가 내려가겠네요.

고객 그렇지요.

영업 회사가 위험하다고 판단한 우수 사원부터 사표를 내고, 능력이 낮은 사원만 남을 수도 있지요.

고객 무서운 이야기네요.

영업 적자가 이어져서 우수한 사원이 그만둔다면 어떻게 될까요?

고객 최악의 경우 사업을 접을 수밖에 없을지도 모르지요.

영업 맞습니다. 회사가 도산하는 거지요. 사장님들은 은행에서 대출을 받을 때 개인의 연대보증을 하지요. 만약 그렇게 된다면……

고객 저희도 그래요. 그렇게 된다면 가족에게 피해가 가지 않도록 일단 이

혼할지도 몰라요.

영업　가족을 지켜야 하니까요.

고객　멍해져서 아무것도 손에 잡히지 않겠죠. 가족에게도 큰 피해가 갈 것이고…….

영업　재취업해도 연하의 상사에게 무시를 당할지도 몰라요. 전 회사가 망했다고 하면서.

고객　그렇네요. 그렇게 되면 일도 관두고 마지막으로 노숙자가 되는 건가요.

영업　정말 상상도 하기 싫어요.

고객　사는 게 싫어져서 자살할지도 몰라요.

영업　네. 그렇게 되고 싶지 않은 기분은 강하십니까?

고객　직원도 가족이 있고, 사회적 책임도 있는데 도산하면 안 되지요. 좋은 상품을 널리 퍼뜨리고 싶어요.

영업　맞습니다! 기업은 사회적인 책임도 있지요. 귀사의 좋은 상품-서비스를 세상에 널리 퍼뜨려야 합니다.

고객　그렇죠. 그래요. 직원들의 가족도 지켜야 하고요. 그런 책임이 있어요.

영업　그래서 영업을 매뉴얼화할 영업 대본의 작성을 검토하고 계신 거지요.

고객　네, 영업 대본을 작성하고 싶어요. 톱 영업사원은 바쁘고, 방식도 모르니까 처음부터 시행착오를 겪지 않고 전문가에게 상담하려는 거예요.

영업　그러시군요. 뛰어난 영업 대본을 작성하면, 그 영업 대본을 개선해 나가면서 계약 성사율도 올라가고 매출도 향상될 겁니다.

고객　어쩐지 두근거리네요. 모두 판매 능력이 좋아지겠어요.

영업　기합을 넣어서 영업하라는 정신론이 아니라 영업 대본을 개선하는 일에 초점을 맞추기 때문에 영업 대본을 수정하는 데에 노력하고, 그러면서 직장 분위기도 좋아졌다고 모두 말씀하세요. 물론 시대가 바뀌고 고객의 기호도 바뀌면 경쟁사도 바뀌니까 영업 대본은 끝없이 개선해야 합니다.

영업　아, 그러고 보니 ○○씨 매출이 안정적으로 향상된다면 어떤 계획이 있으신가요?

고객　출점 계획을 가속하고 싶어요. 전국적으로 전개를 하는 것으로!

영업　괜찮네요.

고객　그리고 복리후생도 확실히 하고 싶어요. 직원이 모두 즐겁게 일할 수 있도록 이벤트를 열거나 사원여행을 가도 좋겠네요.

영업　그렇게 직원들이 안심하고 일할 수 있는 환경이라면 누구나 만족할 거예요.

……클로징으로 이어짐

제2장 정리

- 영업 대본 작성의 포인트는 세 가지

- 포인트 ① | 완벽을 추구하지 말고 일단 착수한다
- 포인트 ② | '구매 심리'를 바탕으로 영업 대본을 작성한다
- 포인트 ③ | 끊임없이 개선해나간다

- 추상적, 일반적인 영업 대본이 아니라,
  구체적인 고객을 예상해서 대본을 만든다

- 좋은 영업 대본은 '형식면'과 '내용면' 둘 다 우수하다

제3장

대본 영업 단계1

'인간관계

구축'

인간관계
구축이란 무엇인가?

모든 영업은 '인간관계 구축'부터 시작된다.

다만 인간관계 구축이라는 한마디 말로는 어떻게 해야 좋을지
알 수 없다.

인간관계를 구축한다고 하면 '웃는 얼굴로 말하기' '공감하기'
등을 생각하기 쉽지만, 그것은 어디까지나 인간관계를 구축하기
위한 '방법'에 지나지 않는다.

중요한 것은 다음과 같다.

(1) 어떤 관계성을 구축할 것인가?

(2) 어디까지의 관계성 수준을 목표로 하는가?

(3) 인간관계를 구축하기 위한 효과적인 방법은?

(4) 인간관계 구축의 마지막 목표는 어디인가?

'인간관계가 구축'되어 잠겨 있던 문의 자물쇠가 탁 풀리고, '니즈 파고들기'와 원츠 끌어올리기의 단계로 가는 이미지를 상상해 보자.

처음 만난 지 몇십 분밖에 되지 않아도 몇십 년을 만난 친구 같은 관계를 쌓을 수 있다면 어떨까?

강고한 인간관계가 구축되는 것이다.

그 비결을 이제부터 함께 더듬어 가보자.

의사와 환자 같은 관계성을 목표로 한다

일반적으로 영업사원은 강인하게 물건을 팔아넘기거나 반대로 굽실굽실하며 어떻게든 물건을 팔려고 하는 안 좋은 이미지가 있을지도 모른다.

유능한 영업인은 강인하게 물건을 팔아넘기거나 필요 이상으로 굽실거리지 않는다.

톱 영업사원과 잠재 고객과의 이상적인 관계성은 알기 쉽게 비유하자면 '의사와 환자의 관계성'과 비슷하다.

예를 들어 여러분이 '열이 나서' 병원에 갔는데, 의사가 진료는 전혀 하지 않고 오만한 태도로 "감기예요"라며 약을 준다면 어떨까? 그 의사를 신뢰할 수 없을 것이다. '좀더 친절하게 진료 받고 싶은데'라는 느낌이 들 것이다.

반대로 의사가 자신을 몹시 낮추고 "정말 죄송하지만 이 약을 조금이라도 좋으니 먹어주시면 기쁠 텐데요"라고 굽실거려도 '이

약을 먹어도 괜찮은 걸까?'라고 불안해진다. 좀더 자신 있는 의사에게 가고 싶어질 것이다.

의사는 환자가 약을 먹어야 한다면 "이 약을 드세요" "꼭 먹어야 해요!"라고 전문가로서 단언한다.

즉 우리가 의사(전문가)에게 원하는 것은 '전문성'과 '친절, 열의'다. 고객이 영업사원(전문가)에게 원하는 것도 완전히 똑같다.

고객의 '정말로 나에게 그 상품-서비스가 필요한가?'라는 의문을 친절하게 들어주고 진단해서 필요하다면 전문가로서 자신 있게 제안해야 한다.

의사와 환자의 관계성이란 친절하고 열의가 있는 전문가와 초보의 관계성이다. 그리고 전문가는 자신감이 넘쳐흘러야 한다.

고객의 입장에서 생각하면 당연하지만, 자신감이 없는 사람에게는 무엇도 사고 싶지 않다.

팔지 못하는 영업사원은 자신이 없기 때문에 팔지 못한다. 그리고 팔지 못하니까 더 자신이 없어진다.

그야말로 마이너스 루프다.

많은 영업 매니저는 이렇게 조언한다.

"자신 있게 이야기하면 돼"

그렇게 하면 솔직한 사람은 이렇게 생각한다.

'성과가 나오지 않는데, 자신 있는 척을 할 수 없어'

그러면 어떻게 해야 할까? 간단하다.

자신이 있는 '연기'를 하면 된다.

명배우가 톱 영업사원의 연기를 하는 듯이 연기하자.

연기이므로 '거짓말을 하는 것'이 아니다. 양심에 찔릴 일도 없다.

고객은 여러분의 '자신감'과 '각오'를 보고 있다.

영업사원에게는 네 가지 자신감이 필요하다.

(1) 자신의 회사에 대한 자신감

(2) 상품-서비스에 대한 자신감

(3) 직업(판매 행위)에 대한 자신감

(4) 자신에 대한 자신감

여러분은 마음속으로 '좋아한다!'고 생각하는 상품을 고객에게 추천하고 있는가? 생활을 위해 좋아하지도 않는 상품을 회사의 지시로 팔고 있는가? 우선 자문자답해보자.

그런 다음 이 네 가지 자신감을 확인해 보고 자신 있게 말하자.

"이 상품－서비스가 고객님에게 최적이라고 생각합니다."

이렇게 단언하는 것이다.

팔아야 한다고 생각할 때 자꾸 움츠러든다면 **"선택은 고객님의 자유이지만, 전문가로서 정보를 제공해드리겠습니다"**라고 전문가의 시점에서 좋은 상품을 열심히 전달하자.

클로징 전에 의사와 환자 같은 관계성을 만들어두지 않으면 고객이 강매를 당한다고 생각할 수 있고, 그 순간 마음의 셔터를 닫으며 결과적으로 계약이 이루어지지 않는다.

자신을 한순간에 전문가로 만들어 주는 질문

전문가와 초보의 관계성을 만들려면 **'자신의 강점을 순간적으로 전달하는 질문'**이 효과적이다.

영업

○○씨, 연예인 △△씨(젊은 여성에게 인기가 있는 여배우)를 아세요?

고객

네? 알고 있지요.

영업

△△씨도 저희 고객이에요.

고객

와, 대단하네요!

이것은 실제로 약 100만 엔의 마우스피스 교정으로 계약 성사율 98%를 자랑하는 치과의원의 대화다. 이외에도 예를 들어 리모델링 업체라면 "근처의 ○○의원을 알고 계세요?"라는 식으로 응용할 수 있다. 여기의 포인트는 불쾌하지 않게 자신의 강점을 전달하는 일이다. 반면에 직접적으로 강하게 어필하면 어떤 느낌일까?

영업

저희 고객 중에는 연예인 △△씨가 있어요. 대단하죠?

고객

……네.

이런 식은 별로 좋지 않다. 따라서 질문을 사용해서 불쾌하지 않게 자신의 강점을 전달한다.

깊은 신뢰 관계를
만드는 간단한 방법

다른 사람과 깊은 신뢰 관계를 만들려면 어떻게 해야 할까?

기본적으로 인간관계 구축의 포인트는 다음 두 가지다.

① 고객의 상황(입장), 감정(동기)을 이해한다→감정 이해력

② 자신을 고객의 입장에 놓고 서로 감정을 나눈다→감정 이입력

각각 설명해보겠다.

① 고객의 상황(입장), 감정(동기)을 이해한다

고객을 '이해'하려면 고객의 성장이나 고객이 중요하게 여기는 것(신념), 고민이나 꿈 등의 상황에 흥미를 보여야 한다.

예를 들어 나는 어느 탈모 관리점의 영업사원에게 이런 상담을 받은 적이 있다.

"오키나와 출신으로 나고야 공장에서 일하다가 지역 전문학교로 돌아가서 공무원이 되고 싶다는 20대 청년과 상담했어요. 분위기는 좋았는데, 계약이 되지 않았던 원인을 모르겠어요."

이런 상담이었다.
나는 그에게 이렇게 대답했다.

"한마디로 고객의 상황(입장)을 이해하지 못한 거예요. 그래서 진짜 인간관계가 구축되지 못해서 계약이 이루어지지 않는 것이지요. 만약 그가 당신의 아들이었다면 어째서 오키나와에서 일부러 나고야에 왔는지, 어떤 공장에서 근무했는지, 업무는 힘들지 않은지, 어떤 전문학교에 가고 싶은지, 어떤 종류의 공무원이 되고 싶은지, 고민은 무엇인지, 꿈은 무엇인지 걱정되고 신경 쓰였을 거예요. 물어보셨나요?"

감이 좋은 그는 퍼뜩 깨달았다. 자신이 고객을 알려고 하지 않았다는 것을 말이다.
정말로 중요한 사람이었다면 흥미가 솟았을 것이다.
만약 그의 부모였다면 걱정이 되어 물어봤을 것이다.
고객이 "당신의 중요한 사람이라면?"이라고 상상해서 상황을 이해하기 바란다. 고객의 감정을 이해할 수 있을 것이다.

덧붙여서 이것은 연기와 같다.

연기가 서툰 배우는 '좋아'하는 연기(표현)를 하려고 생각했을 때 '좋아'한다는 감정을 재현하려고 한다.

그러나 그렇게는 제대로 표현할 수 없다.

반면에 명배우는 연기하는 '대상의 배경' '성장' '고민' '괴로움' '꿈' '목표' 등 상황을 이해하는 것에 초점을 맞춘다.

그렇게 하면 자연히 '좋다'는 표현(연기)을 할 수 있다.

② 자신을 고객의 입장에 놓고 서로 감정을 나눈다

이쪽의 요령을 간단히 이야기하겠다.

먼저 고객의 등에 봉제인형처럼 지퍼가 있다고 상상해보자. 그 지퍼를 내려서 자신이 고객의 속에 들어가 보는 것이다. 고객의 시선에서 주변을 보고 오감으로 느껴 본다.

'어째서 이 사람(영업사원)은 이렇게 내 마음을 알아주는 거지?'

고객이 이렇게 생각하게 한 다음 고객의 상황(입장), 감정(동기)에 따라서 그 고객만을 위한 특별한 제안을 하는 것이다.

다음으로 그러기 위한 간단한 방법을 몇 가지 소개하겠다.

좋은 인간관계를 만드는 간단한 방법

행동		감정
접촉 횟수를 늘린다	➡	'친밀함'을 느끼게 한다
잡담, 세상이야기 (뉴스나 날씨)	➡	'편안함'을 느끼게 한다
눈을 보고 수긍한다	➡	'자신감'을 느끼게 한다
공감한다 (공통점을 찾는다)	➡	'알아주고 있구나'라고 느끼게 한다
위로한다	➡	'이 사람은 내 편이구나'라고 느끼게 한다
칭찬한다	➡	'기쁜 감정'을 느끼게 한다
승인한다	➡	'인정받고 있구나'라고 생각하게 한다
미소를 보인다	➡	'받아들여지고 있구나'라고 생각하게 한다
서로 웃는다	➡	'즐거움'을 느끼게 한다
특별한 느낌을 준다 (캠페인)	➡	'특별대우를 받고 있구나'라고 느끼게 한다
비밀을 공유한다 (먼저 솔직하게 드러낸다)	➡	'특별한 관계'라고 생각하게 한다
좋아한다	➡	'호의를 보여주는구나'라고 느끼게 한다
존경한다	➡	'경의를 표하고 있구나'라고 생각하게 한다
생각하는 것을 알아맞힌다	➡	'이 사람은 다른 사람과 다르구나'라고 생각하게 한다

라포르에는
세 단계가 있다

우리는 신뢰하는 사람, 마음을 여는 사람, 즉 좋아하는 사람의 이야기는 듣지만, 존경하지 않는 사람, 마음을 열지 않는 사람, 즉 싫어하는 사람의 이야기는 듣지 않는다.

그래서 중요한 것이 '라포르(Rapport)'다.

영업직이라면 라포르라는 말을 들어본 사람이 많을 텐데, 막상 설명하려고 하면 의외로 모르는 사람도 많다.

그래서 일단은 '라포르'에 대해 설명하겠다.

라포르는 프랑스어로 '관계'라는 의미다.

그래서 '마음과 마음이 이어지는 상태' '상대와 친밀한 관계를 구축하는 일' '신뢰 관계를 구축하는 일'을 가리킨다.

라포르에는 3단계가 있다.

- 단계1 | FOR YOU '상대를 위해'
- 단계2 | WITH YOU '상대와 함께 있다'
- 단계3 | IN YOU '상대와 일체화하고 있다'

각각 설명해보겠다.

· 단계1 | FOR YOU '상대를 위해'

'세일즈가 서툴다'거나 '영업은 떳떳하지 못하다'고 생각하는 사람은 '매출을 위해서 영업을 한다'고 생각하는 일이 많다.

'자신을 위해' '회사를 위해' '매출을 위해서'라고 생각하면 고객에게 하는 설명이 떳떳하지 못해서 힘이 나지 않는다.

그래서 세일즈의 목적을 고객을 위해서라고 생각하는 것이다. '상대를 위해' '도움이 되겠다'고 생각하면 설득에 힘이 생긴다.

· 단계2 | WITH YOU '상대와 함께 있다'

이것은 물리적으로 항상 곁에 있다는 것만이 아니라, '좋을 때나 나쁠 때나 마음이 함께 있다'는 의미다.

비즈니스로 말하자면, '돈을 잘 벌 때도, 파산할 것 같아서 비참

할 때도, 그대로 변함없이 있어 준다는 것'이다.

그것이 WITH YOU(당신과 함께 있다)의 심리 상태다.

고객이 괴로워할 때도 기뻐할 때도, 고객이 좋을 때도 나쁠 때도, 마음이 항상 곁에 있고, 고객의 성공과 행복을 지켜봐 준다.

자신이 정말로 고객을 사랑하고, 함께 성공하고 싶고, 풍요롭게 해주고 싶고, 행복하게 해주고 싶다면 마음을 담아 "함께 열심히 합시다!"라고 전달하자.

• 단계 3 | IN YOU '상대와 일체화하고 있다'

만약 자신이 톱 영업사원이거나 세라피스트나 카운슬러라면 이 느낌을 이해할 수 있지 않을까?

IN YOU란 즉 '일체화'다.

비유하자면 자신이 어머니의 배 속에 있는 느낌이다. 물론 의식적으로는 느끼지 않겠지만 감각적으로 알면 된다. 대단히 안심이 되는 기분이다.

그러면 고객과 어떻게 일체화의 관계성이 될 수 있을까?

그것을 위한 기술은 이후의 항목에서 설명하겠다.

간과할 수 없는 '잡담력'

인간관계를 구축하는 데에 '잡담'은 매우 중요하다.

이것을 영업 상담의 클러치 맞추기라고 하며 매우 중요시한다 (수동 자동차를 발진시킬 때 클러치를 밟는 일에 비유).

잡담이 필요한 이유는 대화에도 **'클러치 맞추기가 필요'**하기 때문이다.

잡담의 목적은 다음 두 가지다.

- **상대를 편안하게 한다**
- **신뢰 관계를 구축한다**

상담을 목적으로 대면한다고 해도 상대는 '강매를 당하나?'라고 긴장할지도 모른다.

또 갑자기 상품 설명 등으로 들어가면 '무조건 물건부터 팔겠다는 건가?'라고 생각된다.

고객을 편안하게 하고 신뢰 관계를 구축하기 위해 '잡담'은 꼭 필요하다.

물론 고객에 따라서 잡담을 싫어하는 사람도 있고 시간이 없는 경우도 있으므로 임기응변이 필요하지만, 일반적으로 잡담은 필요하다.

예를 들어 법인 영업이라면 가장 가까운 역에서 상대의 회사 사이에 있는 '줄이 설 정도로 화제가 되는 가게'에 대해서나 혹은 막 지어진 '역의 건물' 등에 대해 비즈니스 관점으로 견해를 말하면 '이 영업사원은 유능하구나!'라는 느낌을 자연스럽게 주는 잡담이 된다.

개인 주택을 돌아다니는 영업이라면 현관에 들어가서 '보이는 것 전부를 칭찬'하는 정도에서 시작하면 고객은 영업사원의 이야기를 들을 자세가 된다.

부유층을 상대로 한다면 투자 화제나 명품 브랜드의 유행, 상대가 젊은 여성이라면 아이돌이나 패션 이야기를 하는 등 자신의 고객 대상이 관심을 보일만한 잡담을 항상 비축해둔다.

이런 잡담에 '영업사원의 수준'을 알 수 있다.

그러면 만약 자신이 부유층을 상대로 한 '부동산 영업사원'이라고 한다면 어떤 잡담을 하겠는가? 술집에서 일하다가 부동산 회사에 들어가서 고작 석 달 만에 톱 영업사원이 된 여성이 이야기를 들려주었다.

"보통 영업사원은 고객의 집에 방문했을 때 강아지가 귀엽다고 말할 뿐 마음속으로는 더럽다거나 불결하다고 생각해서 강아지의 머리를 쓰다듬지 않을 거예요. 고객은 보지 않는 듯해도 제대로 보고 있어요."

"저는 달라요."

"강아지가 귀엽다고 말하는 것이 아니라 강아지를 끌어안고 얼굴을 핥도록 해줘요."

"그런 일까지 하는 영업사원은 없을 거예요."

"강아지는 저에게 푹 빠져서 다음에 제가 가면 제 다리에 몸을 비비며 기뻐서 오줌을 싸는 일도 있어요. 고객의 사랑스러운 강아지를 그렇게 귀여워해 주면 고객도 기쁘겠죠. 고객을 포섭하려면 방식이 있어요."

고객의 입장에서 생각했을 때 중요한 것, 소중한 사람(동물)을 상대가 귀여워해 준다면 그 상대가 좋아지는 것이 당연하다.

톱 영업사원은 고객과 관계성을 구축하기 위해 이런 잡담에도 주의를 기울인다.

라포르 기술1
'미러링'

영업 업계에서는 고객과 신뢰 관계를 쌓는 것을 '고객과 춤을 춘다'라고 말하곤 한다.

사이가 좋은 커플이나 친구를 카페에서 보고 있으면 같은 타이밍에 차를 마시는 모습이 눈에 띈다. 그리고 겉모습이나 자세, 패션까지 닮은 경우도 많다.

사이가 좋아지면 그렇게 모습과 분위기가 닮는 법이다.

그래서 세일즈에서 **의도적이고 전략적으로** 고객과 동작을 맞추어 마음을 통하게 하는 접근법이 매우 효과적이다.

영업 프레젠테이션 중에 고객에게 움직임을 맞추는 일은 "나는 당신에게 공감하고 있습니다" "당신에게 호감이 있습니다"라는 메시지를 의식적이면서 무의식적으로 줄 수 있다.

세일즈의 접근 단계에서 의도적이고 전략적으로 고객과 동작을 맞추면 마음이 통한다는 영업 심리학적 수법을 **'미러링(Mirroring)'**

이라고 한다.

《시마 과장(課長島耕作)》이라는 만화를 알고 있는가? 코믹스 시리즈로 누적 판매량 4,000만 부에 달하는 인기 비즈니스 만화다.

주인공 시마 고사쿠가 비즈니스 세계에서 점점 성장하는 것이 묘미인 만화인데, 시마 고사쿠가 고객과 신뢰 관계를 쌓기 위해 미러링 기술을 제대로 이용하는 장면이 나온다.

시마 과장은 출세도 하고, 여성에게도 인기 있는 슈퍼 비즈니스맨이다.

어째서 그는 출세했을까? 어째서 그는 여성에게 인기가 있을까?

그것은 그에게 월등한 '커뮤니케이션 능력'이 있었기 때문이다.

그것을 보여주는 유명한 장면이 있다.

시마 고사쿠가 어떤 사람을 고급 음식점에서 접대한다. 그런데 그 사람이 테이블 매너를 몰라서 예의 없이 수프를 소리를 내며 먹었다.

그때 시마 고사쿠가 어떻게 했을까?

함께 "접접-" 소리를 내며 수프를 먹었다.

이것이 '미러링'이다.

이것은 매우 용기 있는 미러링이다. 주변의 시선이 신경 쓰이기 때문이다.

이 수준의 미러링을 한다면 분명히 상대도 무의식 수준에서 대단히 안심한다. 나중에 사정을 알게 된 남자는 눈물이 날 것이다. 이렇게 커뮤니케이션 능력이 뛰어난 사람이 자신의 상사라면 정말 한눈팔지 않고 열심히 일할 것이다.

이외에 이런 장면도 있다.

접대를 하는 사장이 고급 와인을 소리를 내며 마시기 시작했다.

그것을 본 시마 고사쿠……?

이제 아시겠죠.

짐작대로 역시 소리를 내며 마시기 시작했다.

"구--뷰-뷰-뷰-뷰-뷰-"

이것이 미러링이다.

영업상 전략적 커뮤니케이션을 하기 위해서는 미러링이 필수다.

다만 주의점도 있다.

영업 프레젠테이션 중 고객과 정확하게 동작을 맞추고 있으면 감이 좋은 고객은 '이 사람 미러링을 하고 있구나'라고 느껴서 움츠러드는 경우가 있다.

그러니 한 템포(한 호흡) 일부러 동작을 어긋나게 따라 하거나 상대가 다리를 꼬면 이쪽은 손깍지를 끼는 등 자연스러운 형태로 맞추기 바란다.

'눈 깜빡임'을 맞추는 것은 상급편이다.

우리는 눈 깜빡임을 무의식적으로 하고 있지만, 의식적으로도 상대에게 맞출 수 있다. 눈 깜빡임을 맞추는 기술은 많은 사람이 깨닫지 못한다. 이것이 미러링의 비법이다.

고객을 찾아 영업을 하고 있을 때 이런 영업 기술이 없으면 비효율적이 되어 고생할 것이다. 그러니 미러링을 익혀두자.

라포르 기술2
'페이싱'

다음으로 '페이싱(Pacing)'을 소개하겠다.

페이싱은 '상대의 말투, 상태' 등에 맞추는 수법이다.

고자세로 상대에게 공감하지 못하고 일방적으로 이야기를 하면 마음이 전달되지 않는다.

예를 들어 자신이 실연을 당해서 친구에게 상담을 한다고 하자.

> **나**
>
> 어제 정말 좋아하던 사람에게 고백했는데, 차였어.
>
> **친구**
>
> 세상에 남자(여자)는 많으니까 기죽지 말고 힘내!

머리로는 기운을 내야 한다는 것은 알고 있지만, '이 녀석은 내 기분을 알아주지 않는구나'라는 마음이 들지 않는가?

그러면 다음과 같은 대화는 어떨까?

나

어제 정말 좋아하던 사람에게 고백했는데, 차였어.

친구

그 사람을 정말 좋아했다면 정말 괴롭고 슬프겠네. 이해해. 그래도 고백은
정말 용기가 필요한 일인데, 멋지게 잘했어!

이렇게 응답했다면 어떨까?

'이 친구는 내 마음을 알아주는구나'라고 생각하지 않을까?

이것이 페이싱이다.

페이싱을 하면 상대에게 이야기를 듣는 자세가 만들어진다.

**특히 전화 세일즈에서는 상대의 모습이 보이지 않으므로 미러링을
할 수 없다.**

페이싱은 전화 영업(텔레마케팅)에서 필수 기술이다.

페이싱은 구체적으로 상대의 다음과 같은 행위에 맞추는 일
이다.

(1) 말투

(2) 상태

(3) 호흡

(4) 감정

(5) 사고방식, 신념

이런 것을 상대와 맞추지 않으면 공감이 생기지 않는다.
공감이 생기지 않으면 상대는 이야기를 들을 자세가 되지 않는다.
그러면 각각 설명하겠다.

(1) 말투를 맞춘다

• **스피드** | 천천히 이야기하는 사람에게는 천천히, 말이 빠른 사람에게는 빠르게

• **목소리 크기** | 목소리가 큰 사람에게는 크게, 작은 사람에게는 작게

• **음정의 고저** | 목소리 음정이 높은 사람에게는 높게, 낮은 사람에게는 낮게

• **리듬** | 템포가 빠른 사람에게는 빠르게, 느린 사람에게는 느리게

• **말투** | 아기에게는 아기 말투로 말한다

(2) 상대의 상태에 맞춘다

• **분위기** | 밝음, 조용함

- **감정** | 흥분 상태, 가라앉음

(3) 호흡을 맞춘다

- **리듬** | 어깨나 복부 등을 관찰하고 같은 리듬으로 호흡한다

(4) 감정을 맞춘다

기쁨, 슬픔, 혐오, 공포, 분노 …… 등

(5) 사고방식, 신념에 맞춘다

"일이란 ○○이다."

"남성은 ○○이다. 여성은 ○○이다."

"인생은 ○○이다."

이런 상대의 사고방식이나 신념에 맞춘다.

자신과 공통점이 있으면 사람은 무의식적으로 호감을 품는다.

그러면 페이싱의 '비법'을 이야기하겠다.

잠재의식(무의식) 수준에서 페이싱하려면 어디에 맞춰야 할까?

그것은 호흡이다.

우리는 종종 '호흡이 맞는 사람'이 있다고 말한다. 고객의 호흡

에 자신의 '호흡'을 맞추면 영업 훈련을 하지 않은 고객은 알지 못한다.

호흡은 의식하지 않아도 누구나 하고 있고, 의식해서 호흡의 리듬을 바꿀 수 있다. 따라서 호흡을 의식적으로 상대에게 맞추면 무의식적으로 호흡이 맞는 느낌을 줄 수 있다.

이론을 알았다면 실제로 연습해보자.

나는 부하 직원이나 클라이언트에게 전철에서 훈련해보라고 한다.

출퇴근 시간에 전철에 앉아 있을 때가 가장 훈련하기 적합하다. 전철에 앉아서 앞 사람의 호흡을 보고 호흡을 맞춰간다.

특히 두드러진 감정의 변화가 생겼을 때 호흡에 변화가 나타난다. 그 변화를 보기 바란다. 요령은 호흡의 위치와 속도다. 머리, 가슴, 어깨 등 호흡을 보고 상대의 호흡에 맞춰보자.

같은 위치, 같은 리듬, 같은 속도로 호흡을 해보자.

그리고 그곳에서 변화해가는 자신의 감정을 느껴보자.

그것이 상대의 감정이다. 물론 쉽지 않을 수도 있다. 기술이 아니라 '영혼'으로 느낀다고 떠올려보자.

다만 주의할 점도 있다.

상대를 계속 보고 있으면 이상한 사람으로 비칠 수도 있다.

그래서 시선의 가장자리에 상대를 놓고 호흡을 맞추는 느낌으로 하기 바란다.

제대로 하지 못해서 실패한 예를 알려주겠다. 내 클라이언트 중에 전철에 앉아서 호흡을 맞추는 연습을 한 여성이 있었다.

페이싱의 상대는 중년 남성이었다. 호흡을 맞추는 훈련을 하고 그녀가 전철을 내렸더니 그 남성이 따라서 내렸다고 한다.

처음에는 '우연인가?'라고 생각했지만, 역을 나와도 따라오기에 깜짝 놀라 도망쳤다고 한다. 밤이라서 더 '무서웠다'고 말했다.

'이 사람을 리드하고 싶지 않다'라고 느끼는 타이밍이 되면 일부러 호흡을 어긋나게 해서 페이싱을 멈추어야 한다.

자신이 이런 기술을 사용하지 않아도 교섭 상대가 기술을 구사해 온다면 매우 불리해진다. 따라서 지식적으로 알아두기 바란다.

라포르 기술3
'백트래킹'

백트래킹(Back tracking)이란 말을 '따라 하는 것'을 뜻한다.

상대의 말을 되풀이해서 '당신의 이야기를 듣고 있습니다'라고 느끼게 하는 기술이 백트래킹(말 따라 하기)이다.

상대가 이야기한 말을 따라 하면 상대는 부정하려고 하지 않는다.

예를 들어 살펴보자.

> **A씨**
>
> 어제 놀이동산에 갔었어요.
>
> **B씨**
>
> 놀이동산에 가셨군요!
>
> **A씨**
>
> 아니, 가지 않았어요.

당연하지만 이런 식으로는 대화가 되지 않는다.

> **A씨**
>
> 어제 놀이동산에 갔었어요.
>
> **B씨**
>
> 놀이동산에 가셨군요!
>
> **A씨**
>
> 맞아요. 정말 즐거웠어요.

보통은 이런 식으로 대화가 이루어진다.

상대가 한 말을 반복하므로 대답이 '예스' 이외에는 나오지 않는다.

그러나 단순히 말을 따라 한다고 효과적인 것은 아니다. 오히려 기분 나쁘다고 생각할 수도 있다.

그래서 영업 기술이 필요하다.

말 따라 하기에는 다섯 단계가 있다.

- **단계1 ㅣ 사실을 그대로 반복한다**
- **단계2 ㅣ 감정을 반복한다**
- **단계3 ㅣ 바꿔 말한다**

- **단계4 | 요약한다**
- **단계5 | 신념 수준을 반복한다**

각 단계에 대해 설명하겠다.

• **단계1 | 사실을 그대로 반복한다**

상대 "어제 그녀와 놀이동산에서 첫 데이트를 했어요! 정말 재밌었어요."

나 "놀이동산에서 첫 데이트라니! 참 좋았겠어요."

• **단계2 | 감정을 반복한다**

상대 "어제 그녀와 놀이동산에서 첫 데이트를 했어요! 정말 재밌었어요."

나 "와, 첫 데이트라니 재밌었겠네요! 부러워요."

• **단계3 | 바꿔 말한다**

상대 "어제 그녀와 놀이동산에서 첫 데이트를 했어요! 정말 재밌었어요."

나 "둘의 사랑이 시작된 거로군요. 멋져요."

· 단계4 | 요약한다

상대 "어제 그녀와 놀이동산에서 첫 데이트를 했어요! 정말 재밌었어요."

나 "놀이동산에서 첫 데이트, 재미있는 시간을 보내고 오셨겠군요."

· 단계5 | 신념 수준을 반복한다

상대 "어제 그녀와 놀이동산에서 첫 데이트를 했어요! 정말 재밌었어요."

나 "서로에게 배려하는 연애를 하고 싶다고 말씀하셨죠!"

이것이 백트래킹의 단계다.

단순하게 말을 따라 하는 것이 아니라 단계가 올라갈수록 대충 듣고 있다는 느낌이 줄어든다. 상대가 자기 이야기를 들어준다는 느낌이 강해진다.

수준별로 난이도도 달라지는데, 일상에서 연습해보기 바란다.

참고로 백트래킹의 주의점은 핫 버튼(Hot-button)에 감정을 이입하는 것이다. 핫 버튼이란 행동하는 '진짜 동기' '가장 큰 이유'라는 의미다.

가령 "어제 놀이동산에 갔었어요"라는 대화가 있었다고 하자.
'어제'와 '놀이동산' 중 어느 쪽을 백트래킹해야 할까?

A씨

어제 놀이동산에 갔었어요.

B씨

아, 놀이동산에 가셨군요! 즐거워 보여요.

일반적으로 이렇게 놀이동산을 따라할 것이다.
하지만 핫 버튼을 착각한다면?

A씨

어제 놀이동산에 갔었어요.

B씨

아, 어제 말이지요?

이런 대답이 돌아오면 듣는 쪽은 당황스럽다.
실제로 이렇게 착각하는 사람이 자주 있다.
그래서 고객의 핫 버튼을 파악할 필요가 있다.
고객의 핫 버튼(진짜 구매동기)을 파악하면 계약에 이르고, 파악하지

못하면 계약에 이르지 못한다. 고객을 생각하지 않고 '자기 이야기만 하거'나 '상품의 특징만을 늘어놓으면' 일방적인 설명이 되어 고객의 기분을 상하게 할 수 있다.

사람은 누구라도 행동하는 진짜 동기가 있다.

그러면 어떻게 상대의 핫 버튼을 이해할 수 있을까?

답은 자신이 '누구에게' '어떤 경우에' '무슨 말을 들으면' 핫 버튼의 스위치가 들어오는지 일상에서 파악하는 것이다.

유일한 원리원칙은 심리다.

자기 자신이 일상에서 어떻게 느끼는지를 확실히 파악하는 습관과 버릇을 들여야 한다.

고객에게
관심을 품으면
기술도 전부 의미가 없다

여러분은 고객에게 흥미가 있는가?

영업 연수 중에 수강생인 게이코 씨(20대 여성)에게 이런 상담을 받았다.

"가가타 선생님, 저는 iPad 같은 태블릿을 판매하고 있어요. 하지만 이미 태블릿을 가진 사람이 많아져서 판매를 하려고 하면 두 개는 필요 없다는 말을 들어요. 가지고 있지 않은 사람은 스마트폰이나 컴퓨터로 충분하다고 하고요. 월별로 실적이 들쑥날쑥해서 평상시 꾸준히 일을 해도 실적이 전혀 없을 때도 있어요. 그래서 지금보다 클로징 단계의 결정률을 올리고 싶어요."

이렇게 말하는 게이코 씨에게 어떤 고객을 대상으로 하는지 물어보았다.

가가타

대상으로 하는 고객은 주로 어떤 분들인가요?

게이코

40~50대 남성이에요.

가가타

40~50대 남성이고 이미 과거에 태블릿을 구매한 고객은 어떤 니즈로 구매할까요?

게이코

아, 전혀 모르겠어요.

가가타

혹시 대상으로 하는 40~50대 남성에게 처음부터 관심이 없는 게 아닐까요?

그 후 40~50대 수강자 남성들에게 의견을 들어보았다.

남성1 ㅣ "저도 태블릿을 가지고 있어요. 벌써 노안이 와서 스마트폰은 문자가 작아서 보이지 않네요."

남성2 ㅣ "아는 여성과 메신저로 연락을 주고받는데, 스마트폰은 아내가 볼지도 몰라서 태블릿을 가지고 있어요."

남성3 | "관리자라면 태블릿으로 스케줄 관리를 해야 해요."

태블릿을 판매하는 수강자가 20대 여성이므로 40~50대 남성에 애초에 관심이 없었던 것이다.

따라서 먼저 고객에게 흥미를 보여야 한다.

고객에게 흥미와 관심이 없으면 모든 기술은 의미가 없다.

눈앞의 상대에게 빙의하는 느낌으로 상대가 되어 보자.

같은 방향을 바라보는 느낌으로 상대가 되어 보는 것이다.

- 어떤 생활을 하고 있는가?
- 어떤 고민이 있는가?
- 어떤 일이 즐거운가?
- 휴일에는 무엇을 하는가?
- 무엇이 슬픈가?

상대로 변모해서 느껴보자.

그러면 '진정한 니즈'를 점점 알게 된다.

'뉴로로지컬 레벨'로 상대의 신념 단계를 칭찬한다

부하 직원이다.

"시계가 멋지네요"라고 하는 것과

"○○씨와 함께 일을 할 수 있어서 행복해요. ○○씨는 지금까지 중에 가장 좋은 상사예요. ○○씨는 내 스승입니다"라고 하는 것 중에서 어느 쪽이 심금을 울리는가?

물론 후자일 것이다.

그것을 심리학적으로 밝혀보자.

'뉴로로지컬 레벨(Neurological Level)'이라는 자기인식의 단층 구조 모델로 설명하겠다.

인간 의식의 단층은 다음 다섯 가지로 나뉜다

① 자기 인식
자신의 미션, 비전,
자신이 어떤 사람인가

② 신념, 가치관
자신의 신념과 가치관

③ 능력
자신의 재능, 능력

④ 행동
자신의 행동

⑤ 환경
자기 주변의 환경, 보이는 것,
들리는 것, 느끼는 것

상대의 자기 중요감을 높이고 싶을 때, 어느 레벨로 접근하느냐가 중요하다.

상대의 행동을 칭찬할 것인가? 상대의 능력을 칭찬할 것인가? 상대의 가치관이나 신념을 칭찬할 것인가? 어느 레벨을 칭찬하느냐에 따라 결과가 전혀 달라진다.

① **자기 인식 레벨** Ｉ **"○○씨는 훌륭한 사람이네요!"**
② **신념 레벨** Ｉ **"○○씨는 업무관이 훌륭하네요!"**
③ **능력 레벨** Ｉ **"○○씨는 교섭력이 훌륭하네요!"**
④ **행동 레벨** Ｉ **"○○씨는 업무 능력이 훌륭하네요!"**
⑤ **환경 레벨** Ｉ **"○○씨가 일하는 회사는 훌륭하네요!"**

'자기 인식'이나 '신념'을 칭찬받으면 기쁠 것이다.

상대의 신념과 가치관은 상대를 잘 관찰하지 않으면 이해할 수 없으므로 상대의 신념이나 존재를 칭찬하는 것이 가장 어렵고, 상대가 납득한다면 정말로 감동을 줄 수 있다.

내 체험을 이야기해보겠다.

전 직장에서 영업 매니저로 있을 때 눈앞의 매출도 물론이지만 계약 성사율을 올리기 위해, 세일즈 시스템을 구축하는 데 열정을 불태우며 중장기적으로 서서히 개선해 나갔다.

그로 인해 과거와 비교해서 비약적으로 수치가 증가했다.

다만 사장도 상사도 누구도 내 개선을 깨닫지 못했다.

그들은 표면적인 눈앞의 매출에만 흥미가 있었기 때문이다.

하지만 유일하게 내가 아끼던 부하 직원이 알아차렸다.

"가가타 매니저님은 정말로 대단하시네요. 과거에 누구도 하지 못했던 이 개혁을 성공하시다니 말이에요. ○○수치가 △△% 올라갔어요. 프로페셔널 매니저로서 업무에 몰입하시는 모습이 정말 존경스러워요."

부하 직원이 누구도 깨닫지 못하고 칭찬하지 못하던 이 몰입을 인정하고 칭찬해주자 내 마음은 녹아내렸다.

이처럼 '신념 레벨' 중에서도 '업무관'을 칭찬하는 것이 간단하고 효과적이다.

A씨

B씨는 어떤 업무를 하고 계세요?

B씨

부동산 회사를 경영하고 있어요.

A씨

대단하시네요! 경영을 하고 계시는군요. 어느 정도 되셨어요?

B씨

3년 정도 되었어요.

A씨

최근에 창업하셨군요! 실례지만 그 전에는 어떤 일을 하셨나요?

B씨

부동산 회사에서 영업을 했어요.

A씨

역시 그러셨군요. 창업하기 어려우셨을 텐데, 어떤 동기가 있으셨어요?

B씨

내가 어디까지 할 수 있을지 도전하고 싶었어요.

A씨

그 도전 정신이 정말 대단하네요.

B씨

아니에요. 감사합니다.

이런 식으로 누구나 훌륭한 '업무관'을 지니고 있으므로 칭찬하기 쉽다. 특히 창업한 사장은 '창업에 대한 생각'이나 '적자나 도산의 위기 극복 방법 같은 이야기'를 비화로 들려준다. 그러니 신념 레벨, 업무관을 칭찬해주자.

고객의 '비밀의 창'과 '미지의 창'에 초점을 맞춘다

'조하리의 창(Johari window)'을 알고 있는가? 사람의 마음에는 '개방의 창' '맹점의 창' '비밀의 창' '미지의 창'이라는 네 개의 창이 있다는 이론이다.

심리학자 조셉 루프트(Jseph Luft)와 해리 잉햄(Harry Ingham)이 고안한 것으로 영업에도 응용할 수 있다.

- **개방의 창** | 자신도 타인도 알고 있는 자신
- **맹점의 창** | 자신은 깨닫지 못하지만 타인은 알고 있는 자신
- **비밀의 창** | 자신은 알고 있지만, 타인은 깨닫지 못하는 자신
- **미지의 창** | 자신도 타인도 깨닫지 못하는 자신

톱 영업사원은 어디에 초점을 맞출까?

	자신은 알고 있다	자신은 깨닫지 못한다
타인은 알고 있다	**'개방의 창'** 자신도 타인도 알고 있는 자신	**'맹점의 창'** 자신은 깨닫지 못하지만, 타인은 알고 있는 자신
타인은 깨닫지 못한다	**'비밀의 창'** 자신은 알고 있지만 타인은 깨닫지 못하는 자신	**'미지의 창'** 누구도 알지 못하는 자신

먼저 비밀의 창에 초점을 맞춘다.

누구나 아무에게도 말할 수 없는 '비밀' '고민' '괴로움'이 있을 것이다.

그런 '비밀' '고민' '괴로움'을 눈앞의 영업사원이 이해해 주면 어떨까? '이 사람은 다른 누구와 다른 특별한 사람이다'라는 궁극의 인간관계를 구축할 수 있을 것이다.

그리고 다음으로 미지의 창에 초점을 맞춘다.

'미지의 창'이란 고객 자신도 깨닫지 못하는 '잠재의식(다른 하나의 자신)'을 말한다. 그 잠재의식(다른 하나의 자신)에게 말을 건다. 잠재의식(다른 하나의 자신)의 외침을 들어주는 것이다.

"당신에게는(고객에게는) 가치가 있다!"

"당신에게는(고객에게는) 상품이나 서비스를 이용해서 행복해질
가치가 있다!"

이런 데에 초점을 맞추는 일을 의식하기 바란다.

인간관계 구축의
세 가지 목표

인간관계 구축을 위한 구체적인 기술과 사고방식을 소개했다.

이번 장의 마지막으로 인간관계 구축의 목표에 대해 이야기하고자 한다.

내가 목표로 하는 인간관계 구축의 목표는 크게 세 가지로 나눌 수 있다.

〔**목표1**〕

- '이 사람(영업사원)은 다른 사람과는 달라! 나를 알아주네'라고 생각하게 한다
- 고객의 마음을 '이 사람(영업사원)에게 (상품·서비스에 관해) 다른 누구에게도 말하지 않은 내 고민을 좀더 털어놓고 싶어!'라는 상태로 만든다

〔목표2〕

- 고객 자신도 깨닫지 못하는 '잠재의식(다른 하나의 자신)'의 외침을 듣고 말을 건다
- '당신에게는(고객에게는) 가치가 있다! 당신에게는(고객에게는) 상품이나 서비스를 이용해서 행복해질 가치가 있다!'라는 것을 깨닫게 한다

〔목표3〕

- 고객이 '이 사람(영업사원)의 이야기를 좀더 듣고 싶어!'라고 영업사원의 이야기를 들을 자세가 되도록 한다

여기까지 소개한 기술을 구사해서 꼭 이 세 가지를 마지막 목표로 해보자. 이 세 가지 목표가 이루어진 상태가 되면 고객과의 인간관계에 문이 활짝 열려서 다음 단계로 갈 수 있을 것이다.

제3장 정리

• 고객과는 '의사'와 '환자' 같은 관계를 목표로 한다

• 라포르를 구축한다

• '이 사람은 다른 사람과 달리 나를 이해해준다'라고 느끼게 한다

• 고객이 '이 사람에게 다른 누구에게도 이야기하지 않은 내 고 민을 털어놓고 싶다'라고 생각하게 한다

• 고객이 '이 사람의 이야기를 좀더 듣고 싶다'라고 생각하게 한다

제4장

대본 영업 단계2
'니즈 파고들기와
윈츠 끌어올리기'

니즈와
원츠의 차이

이제부터 이야기하는 것은 톱 영업사원 사이에서 비밀리에 숨겨져 행해지는 방식이다. 어느 영업책에도 쓰여 있지 않은 방법인 '니즈 파고들기'를 전수하겠다.

먼저 니즈(필요성)와 원츠(욕구)의 차이에 대해 알아보자.

"이가 아파서 치과의사에게 가고 싶습니다."

이것은 니즈(필요성)와 원츠(욕구) 중 어느 쪽이 강하다고 생각하는가?

니즈(필요성)다.

'이가 아프니까 치과의사에게 가야 한다'는 것은 긴급하고 꼭 필요하므로 니즈다.

"벤츠(페라리)를 갖고 싶다."

이것은 니즈(필요성)와 원츠(욕구) 중 어느 쪽이 강할까?

이동수단이라는 니즈(필요성)만으로 생각하면 저렴한 국산차로 충분하다. "벤츠(페라리)를 갖고 싶다"라는 것은 "부자처럼 보이고 싶다" "이성에게 인기를 끌고 싶다"라는 욕구가 강하므로 원츠다.

기존의 세일즈 서적은 상당수가 '니즈를 환기한 후에 원츠를 끌어올리라고(욕구를 자극하기)' 알려주었다.

그러나 내 방식은 '니즈 환기'로 끝나지 않고 '니즈를 깊게' 파고들면서 원츠(욕구)도 끌어올리는 방식이다.

'니즈를 깊게' 파고들면 계약 성사율이 20~40% 향상된다.

이것을 지금부터 하고자 한다.

'대본 영업' 방식의 비법은 바로 니즈 파고들기(지옥을 보이는 것)에 있다.

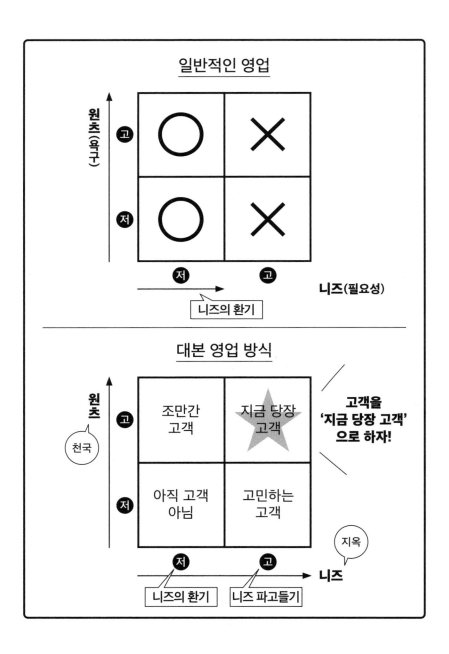

'니즈 상품'과 '원츠 상품'은 영업 방법이 다르다

니즈를 깊게 파고드는 것은 '지옥을 보이는 일', 원츠 끌어올리기는 '천국을 보이는 일'이다.

실제로는 그렇게까지 단순하지 않지만, 알기 쉽도록 '니즈 파고들기'와 '원츠 끌어올리기'를 연습문제로 단순화해서 풀어보자. 내용면으로는 제2장의 대본 영업 샘플에서 소개한 예와 같은데, 그것을 설명하면서 살펴보자.

〔연습문제〕

당신은 연수 운영회사의 영업사원이다.

IT업계 벤처 기업(자본금 1,000만 엔, 연 매출 20억 엔, 사원수 약 100명, 창업 7년)의 경영자에게 영업 연수의 영업을 하러 왔다.

니즈 파고들기부터 원츠 끌어올리기를 어떻게 할 것인가?

영업

귀사는 급성장하고 계시네요. 업계에서도 소문이 자자해요.

고객

아니에요. 그렇지 않아요. 사실은 꽤 문제가 있거든요. 그래서 오늘 모신 거예요.

영업

역시 그러시군요. 급성장하고 있으니 거기에 따라오는 부작용도 여러 가지 있겠지요. 영업 부서에 관해서라면 채용, 육성, 평가, 배치, 어떤 것에 곤란함을 겪으시나요?

고객

영업사원의 육성이 성장을 따라가지 못하고 있어요.

여기에서 니즈가 나온다. 다음을 보자.

영업

아 그렇군요. 모두 평상시 업무로 바쁘니까요. 교육에 시간을 쓸 수 없는 거지요.

고객

맞아요! 일 매출의 할당량도 있어서 매뉴얼 만들 시간도 없어요.

이런 느낌으로 니즈를 환기한다.

영업

네, 알겠습니다. 그러면 톱 영업사원과 신입 영업사원과의 매출 차이가 상당히 있을지도 모르겠네요.

고객

맞아요. 톱 영업사원은 상당히 많이 판매하는데, 막 들어온 영업사원은 영업 경험이 없어서 실적이 없어요.

여기에서 '니즈 환기'만 하고 바로 상품 설명에 들어가면 계약을 놓친다. 여기부터 점차 니즈를 깊게 파고들어 간다.

영업

굉장히 안타까운 상황이네요. 10명의 영업사원이 있다고 할 때 톱 영업사원 혼자서 매출을 100만 엔이나 올려도 남은 9명의 매출이 0엔이라면 전체 매출은 100만 엔이지요. 반면 10명 전원이 각각 60만 엔씩 판매한다면 톱 영업사원이 없어도 전체 매출은 600만 엔이 되는 걸 텐데요.

이런 느낌이다.

영업

저희 회사의 클라이언트도 일전에 톱 영업사원이 병이 걸리면 매출이 격감할 거라고 말씀하시더군요.

고객

그러니까요! 저희도 얼마 전 톱 영업사원이 병으로 쉬는 바람에 전체 매출이 확 줄어들었어요.

영업

역시 그렇지요. 만약이지만 지금처럼 톱 영업사원에 의존하는 상태가 이어지면 어떤 리스크가 있을까요?

고객

좀 전에도 이야기했듯이 매출에 불균형이 있겠네요. 또 매출이 급감하는 일도 있을 수 있고요. 그렇게 되면 출점 계획이 불투명해지는데…….

영업

맞습니다. 매출이 불안정하고 사업 확장에도 리스크가 있을 거예요. 그런 상태에서 경쟁사가 맥도널드처럼 영업을 매뉴얼화해서 공세를 해오면?

고객

아, 사실은 경쟁사가 지금 대단한 기세로 저희 회사를 추격하고 있어요.

점차 니즈를 깊게 파고든다.

영업

그건 힘든 상황이네요. 경쟁사가 대단한 기세로 쫓아오면서, 더더욱 매출을 늘린다면 귀사는 어떤 상태가 될까요?

고객

물론 매출이 급감하겠지요.

영업

매출이 내려가면 어떻게 될까요?

고객

글쎄요.

여기가 포인트다.

니즈를 깊게 파고들어 가면 고객이 이탈하게 되는 순간이 있다. 사람은 부정적인 일은 생각하고 싶어 하지 않기 때문이다. 이탈하지 않도록 다시 전으로 되돌린다.

영업

그렇게 되지 않도록 만일의 리스크 매니지먼트 관점에서 생각한다면?

고객

적자가 되겠지요.

영업

그렇지요. 만약 적자가 이어진다면?

고객

비용 절감을 하지 않으면 최악의 상황에서는 직원을 해고해야 할지도…….

이것은 '니즈 파고들기'를 알기 쉽게 하려는 것이므로 실제로는 간단히 되지 않겠지만, 이런 식으로 '니즈를 깊게 파고들어' 간다.

영업

직원을 해고한다면 회사의 사기가 내려가겠네요.

고객

그렇지요.

영업

회사가 위험하다고 판단한 우수 사원부터 사표를 내고, 능력이 낮은 사원만 남을 수도 있지요.

고객

무서운 이야기네요.

영업

적자가 이어져서 우수한 사원이 그만둔다면 어떻게 될까요?

고객

최악의 경우 사업을 접을 수밖에 없을지도 모르지요.

점점 '니즈를 깊게 파고들고' 있다. 즉 '지옥을 보이는 것'이다.

영업

그렇지요. 도산하는 겁니다. 은행 대출도 사장 개인이 연대보증을 하고 있을 테니 회사가 도산하면 사장 개인도 파산하게 될 거예요. 그 경우 아내나 가족들에게 피해가 가지 않도록 미리 이혼해서 본인만 파산하는 일도 있는 듯한데, 그러면 어떻게 될까요?

고객

음, 집을 떠나서 생활도 피폐해지고 일할 기력도 없어져서 생활보호 대상자가 될지도 몰라요. 행방불명이 되어 아무도 모르게 자살할지도 모르지요.

영업

음, 어쩌면 최악의 사태가 될지도 모르겠네요. 직원들도 가족이 있을 텐데, 도산한다면 어떻게 될까요?

고객

직원들도 각자 가족이 있고 지금 막 가족이 생긴 젊은 사원도 있어요. 그런 사람들을 길거리에서 헤매게 하는 일이 될지도 모르겠네요.

영업

길거리에서 헤맨다면 "이게 다 사장 탓이야! 간부 탓!"이라고 들을지도 모르겠네요. 그러면 어떻게 될까요?

고객

그렇게 되면 더는 생각할 수도 없어요.

영업

만약 그것을 굳이 생각해보면 어떨까요?

고객

각자 알아서 노력하는 수밖에 없겠지요. 그렇게 되면 더는 방법이 없겠지만,

저는 평생에 걸쳐 직원들에게 갚아야 할 거예요.

영업

어떻게 갚나요?

고객

구체적인 방법은 지금 생각나지 않네요.

영업

그렇게 되고 싶지 않은 기분은 강하십니까?

고객

되고 싶지 않아요. 그런 모습을 보이고 싶지 않아요.

여기에서 '니즈의 확인'에 들어간다.

영업

그건 어째서입니까?

고객

직원들이 지금까지 저를 응원해 주었으니 보답해야 한다는 마음이에요.

영업

그 마음은 진심인가요?

고객

진심이에요.

다시금 자기설득을 하게 한다.

영업

어째서입니까?

고객

의리가 있으니까요.

영업

그렇군요. 사장님이 평상시 의리와 인정이 중요하다고 말씀하셨기 때문이군요.

"어째서입니까?"라는 질문은 문맥적으로는 이상하므로 물어보는 데에 용기가 필요하다.

그러나 "이 지옥 같은 상황을 바꾸고 싶다!"라는 고객의 결의를 점차 굳혀가는 것이 목적이므로 '영업 대화'로써는 정답이다. 물론 실제 상담에서는 이렇게 간단히 되지 않겠지만, 응축해서 이야기하고 있다. 그러면 여기부터는 '원츠 끌어올리기'다.

니즈를 깊게 파고들어 '이대로는 지옥에 떨어진다, 더는 이 상황은 싫다'라고 생각하게 한 다음 비로소 '천국'으로 인도하는 것이다.

영업

기업은 사회적인 책임도 있지요. 귀사의 좋은 상품-서비스를 세상에 널리 퍼뜨려야 합니다.

고객

그렇죠. 그래요. 직원들의 가족도 지켜야 하고요. 그런 책임이 있어요.

영업

그래서 영업을 매뉴얼화할 영업 대본의 작성을 검토하고 계신 거지요.

고객

네, 영업 대본을 작성하고 싶어요. 톱 영업사원은 바쁘고, 방식도 모르니까 처음부터 시행착오를 겪지 않고 전문가에게 상담하려는 거예요.

영업

그러시군요. 뛰어난 영업 대본을 작성하면 그 영업 대본을 개선해 나가면서 계약 성사율도 올라가고 매출도 향상될 겁니다.

고객

어쩐지 두근거리네요. 모두 판매 능력이 좋아지겠어요.

이와 같이 원츠를 끌어올려서 천국을 보인다. 니즈를 깊게 파고 들어 지옥을 보이고 더는 싫다고 생각하게 한 다음 천국을 보이는 것이다.

영업

'기합을 넣어서 영업하라'는 정신론이 아니라 영업 대본을 개선하는 일에 초점을 맞추기 때문에 '영업 대본을 수정'하는 데에 노력하고, 그러면서 '직장 분위기도 좋아졌다'고 모두 말씀하세요. 물론 시대가 바뀌고 고객의 기호도 바뀌면 경쟁사도 바뀌니까 '영업 대본은 끝없이' 개선해야 합니다. 그러고 보니 ○○씨, 매출이 안정적으로 향상된다면 어떤 계획이 있으신가요?

고객

출점 계획을 가속하고 싶어요. 전국적으로 전개를 하는 것.

영업

괜찮네요.

고객

그리고 복리후생도 확실히 하고 싶어요. 직원이 모두 즐겁게 일할 수 있도록 이벤트를 열거나 사원여행으로 하와이에 가도 좋겠네요.

영업

그렇게 직원들이 안심하고 일할 수 있는 환경이라면 누구나 만족할 거예요.

어떤 느낌인지 알겠는가? 일반적인 영업사원은 '니즈 환기'로 끝나므로 고객이 정말 원하는 마음이 높아지지 않는다. 그 지점에서 '니즈를 깊게 파고드는 것'이다.

이제 '니즈를 깊게 파고드는 것'이 얼마나 중요한지 알았을 것이다.

그러면 다음으로 니즈 파고들기의 일곱 가지 원리원칙에 대해 설명하겠다.

니즈 파고들기의
일곱 가지 원리원칙

니즈 파고들기에는 일곱 가지 원리원칙이 있다. 소개해보겠다.

니즈 파고들기의 원리원칙1
'고객의 고통을 자신의 고통으로 느낀다'

예로부터 사람은 큰 충격을 받지 않으면 변하지 않는다는 말이 있다.

가령 의사A와 의사B, 두 사람의 의사가 있다고 하자.

의사A

당뇨이니 치료하는 편이 좋겠습니다.

나

가급적 약은 먹고 싶지 않은데, 먹지 않아도 될까요?

의사A

네, 그러세요.

석 달 후 의사B에게 갔다

의사B

당뇨예요! 이대로 가면 죽을 수도 있어요. 바로 약을 먹어야 합니다.

나

석 달 전에 다른 의사 선생님이 괜찮다고 하셨어요.

의사B

아니에요. 석 달 전부터 치료를 해야 하는 상황이었어요. 안저출혈이 있을지도 모르니 내일 안과에 바로 가서 검진을 받으세요. 혈압계도 사서 바로 측정하시고요.

의사A와 의사B, 어느 쪽이 좋은 의사일까?

물론 B이다.

의사A는 환자가 죽어도 별 상관없다고 생각할지도 모른다. 의사B는 자신의 고통처럼 느끼고 "치료하지 않으면 안 돼요!"라고 말해주었다.

사람은 '작은 고장'은 고치려고 하지 않는다. '큰 고장'이라고 말해주지 않으면 사람은 움직이지 않는다.

이것은 고객의 고통을 자신의 고통으로 느낀 다음에야 말할 수 있는 것이다.

'니즈를 깊게 파고들지' 않으면 사람은 바뀌지 않는다. 따라서 니즈 파고들기는 영업의 전부라고 할 정도로 중요하다.

니즈 파고들기의 원리원칙2
'고객의 결의를 확인할 수 있을 때까지 니즈를 깊게 파고든다'

"그래서 바꾸고 싶어요! 그러니까 당신에게 물어보러 온 거예요. 그래서 당신을 만난 거예요!"

극단적으로 말하자면 오히려 고객이 이렇게 나올 때가지 니즈를 깊게 파고드는 것이 비결이다.

말만이 아니라 표정에서도 읽어 보자. 일반적인 대화에서는 이렇게까지 니즈를 깊게 파고드는 일이 거의 없을 것이다. 그러므로 영업에서 사용하면 더 효과가 있다.

니즈 파고들기의 원리원칙3
'니즈 파고들기는 인간관계가 구축되어 있지 않으면 어렵다'

어째서 많은 사람이 '니즈 파고들기'를 하지 않을까?

그것은 인간관계가 구축되어 있지 않으면 그저 무례한 사람이 되기 때문이다.

"당신에게 그런 말을 듣고 싶지 않아! 무례한 사람이네" 상대는 이렇게 화를 낼 것이다.

예를 들어 몇십 년 된 친구가 있다고 하자.

진정한 친구라면 하기 어려운 말도 해줄 것이다.

오히려 그렇지 않으면 친구라고 부를 수 없다.

몇십 년 된 친구 같은 인간관계를 구축하면 일반적인 사람이 말하기 어려운 것을 말해도 기뻐해준다. 따라서 '니즈 파고들기' 전에 제1단계인 인간관계의 구축이 필요하다.

니즈 파고들기의 원리원칙4
'무조건 순서는 니즈 파고들기→원츠 끌어올리기'

두 의사의 예시로 차이를 체험해보자.

의사A

함께 치료를 열심히 해봅시다. 다만 엑스레이 사진에 검은 그늘이 있어서 안 좋은 암일지도 모르겠어요.

의사B

엑스레이 사진에 검은 그늘이 있어서 안 좋은 암일지도 모르겠어요. 다만 함께 치료하면 무조건 나을 수 있으니까 함께 열심히 치료해 봅시다.

둘 중 어느 쪽 의사의 말을 듣고 살아갈 희망이 솟아날까?

당연히 의사B일 것이다. 지옥을 보인 뒤에 천국을 보이고 있기 때문이다.

반대로 의사A처럼 "함께 치료를 열심히 해봅시다. 다만 검은 부분이……"라고 먼저 천국을 보인 다음에 지옥을 보이면 확실히 기운이 쭉 빠진다.

니즈 파고들기의 원리원칙5
'거짓말을 하면 자신에게 되돌아온다'

당연한 말이지만, 거짓말을 해서는 안 된다. 이것은 기술 이전의 이야기다.

따라서 자신이 다루고 있는 상품-서비스를 정말로 자신이 사랑

해야 하고, 고객을 정말로 사랑해야 한다. 거짓말을 하고 있으면 자신의 설득력이 떨어지고, 시간차는 있어도 자신의 행동이 자신에게 되돌아온다.

니즈 파고들기의 원리원칙6
'세일즈의 목적은 고객을 만일에서 지키는 것'

지금 건강하다고 생각하는 사람은 건강 관련 보험이 '필요하지 않다'고 생각한다.

그러나 만약 큰 병에 걸리기라도 하면 어려움을 겪는다.

꼭 보험이 아니라도 영업사원의 일은 고객을 '만일의 경우'에서 지키는 것이지 '현재 상태'에서 지키는 것이 아니다.

니즈 파고들기의 원리원칙7
'일방적인 설명이 아니라 끌어내는 것이
중요하다'

화장품을 팔러 간 영업사원A와 영업사원B가 있다고 하자. 먼저 영업사원A부터 보자.

영업사원A

피부 고민이 꽤 있으시지요? 기미, 주름, 주근깨. 어떤 점이 고민이세요?

고객

음, 글쎄요. 별로…… 없는 것 같아요.

다음으로 영업사원B를 보자.

영업사원B

화장품을 추천하러 왔는데, ○○씨는 상당히 피부가 탱탱하고 좋으시네요. 남자친구가 10명 정도는 있지 않나 싶을 정도로 예쁘세요. 혹시 어떤 피부 고민이 있으세요?

고객

어머, 아니에요. 호호. 기미, 주근깨가 고민이에요.

이런 식으로 진심으로 칭찬하면 "그렇지 않은데……"라는 느낌으로 고객이 니즈를 스스로 내준다.

영업사원A처럼 갑자기 부정적인 것을 물으면 '당신에게는 말하고 싶지 않은데'라고 기분이 상한다.

칭찬하면 "어머, 아니에요"라고 겸손해진다.

"일을 정말 잘하시네요"라고 말하면 "아니에요. 그렇지 않아요.
그래서 상담하러 왔어요"라는 느낌으로 문제점이 나온다.
니즈를 끌어낼 때 칭찬으로 끌어내는 방식은 효과적이다.

이상으로 니즈 파고들기의 일곱 가지 원리원칙을 살펴보았다.
이것을 꼭 기억해 두기 바란다.

고객의 상황을
구체적으로 파악한다

이제부터 '영업 대본'을 만들려고 할 때 중요한 것을 소개하겠다. 먼저 고객의 상황을 구체적으로 파악한다.

'이런 고객의 영업 대본을 만들고 싶다'라는 전형적인 예를 생각해보자.

실제 상담에서도 사전에 인터넷이나 SNS 등으로 잠재고객의 현상황, 예를 들어 다음과 같은 것을 조사해서 잠재고객이 안고 있는 과제를 추측한다.

- **사업 내용**
- **업적**
- **톱 메시지**
- **비전**

- **경쟁사의 움직임**

- **업계 동향**

〔예〕

- 연수 운영 회사의 잠재고객(IT업계 벤처 기업)

- 자본금 1,000만 엔, 연 매출 20억 엔, 사원 수 약 100명, 창업 7년, IT업계

- 과제 | 실적이 급상승하고 중도 채용도 적극적으로 하고 있지만, 자사 에서 사내 연수를 실시하는 인재가 없어서 사원 정착률이 안 좋다

이런 식으로 실제 상담에서 고객을 방문할 때다.

"고객은 어떤 과제를 안고 있는가?"

"어떤 제안을 할 수 있는가?"

이런 것을 미리 조사해 두고 대답할 수 있도록 한다.

'니즈를 인정'하게 하는 질문을 한다

다음으로 고객 설정에 맞게 '니즈를 인정'하도록 해보자.

이것은 고객에게 문제점을 자각시킨다는 의미가 있다.

앞의 인재 교육 영업사원의 예를 보자.

영업

○○씨, 인사에 관해서 채용, 육성, 평가, 배치, 어떤 것에 곤란함을 겪으시나요?

고객

좋은 사람이 들어와도 바로 그만두네요. 업무는 바쁘고 사내에서 사원 육성 연수가 되지 않는 것이 원인일지도 모르겠어요.

영업

그렇지요. 100만~150만 엔의 채용 광고비를 들여서 능력 있는 사람을 채용해도 교육 육성 제도가 없으면 눈 깜짝할 새에 관두니까요. (니즈 인정)

포인트는 고객에게 문제점을 자각시키는 니즈(고객이 안고 있는 문제점)가 다수 나올 수 있도록 이야기하는 일이다.

하나뿐이라면 설득력이 떨어지는 경우가 있다.

가령 일반적으로 '레스토랑에 가자!'라고 생각했을 때 맛, 비용, 분위기, 입지 등 신경 쓰이는 점이 여러 가지 있을 것이다.

따라서 니즈를 인정하게 할 때는 세 가지 정도를 의식하자.

'니즈를 파고드는'
질문을 한다

여기가 가장 '핵심' 부분이다.

설득하려고 하면 고객은 반발하므로 니즈를 깊게 파고들어 끌어내자.

니즈 파고들기가 '고객을 선동하는 것 같아서 싫다'고 생각하는 사람도 있겠지만, 선동하는 것과는 다르다. 애초에 세일즈의 목적은 고객을 만일의 경우에서 지키는 일이지, 현재 상황에서 지키는 것이 아니다.

같은 인재 교육 영업사원의 예에서 살펴보자.

영업

만약 교육 연수가 없고 채용해도 바로 관두는 현재 상황이 이어진다면 어떻게 될까요?

고객

또 채용하는 수밖에 없겠네요.

영업

비싼 채용 광고비를 들여 좋은 인재를 채용해도 바로 관두는 상태가 이어지면 누가 영향을 받을까요? 상당히 죄송하지만, 담당인 ○○씨의 입장도 있겠네요(인사담당자가 좌천이나 해고의 우려가 크다는 것을 상상하게 한다).

고객

맞아요. 지난 번 회의에서 사장님이 "어떻게든 해봐!"라고 하시더라고요.

여기에서는 고객이 "관두는 상황이 이어져도 다시 채용하면 된다"라고 말해서 니즈 파고들기가 되지 않는 듯했다. 그래서 논점에서 벗어나 자신의 입장이 안 좋아질지도 모른다고 파고들기를 개시했다.

참고로 실제 상담에서는 고객에게 질문을 해도 '니즈 파고들기'가 되지 않는 경우가 있다. 질문에 대한 답을 고객이 가지고 있지 않은 경우다.

그때는 "이런 힘든 상황이 되는 사람도 있어서 그렇게 되지 않도록 이야기하고 있습니다"라고 제삼자 화법을 사용하자.

예를 들어 생명보험의 영업사원이 보험의 필요성을 전달하기

위해 '니즈 파고들기'를 제삼자 화법으로 전달하는 대화를 생각해
보자.

이런 느낌이다.

막 창업한 남편과 어린아이와 부인이 있는 가족의 이야기입니다.

남편분이 어느 날 갑자기 돌아가셨습니다.

남편은 생명보험에 가입하지 않았습니다.

부인은 아이를 위해 열심히 일했습니다.

그러나 유족연금(6만5천 엔)과 파트타임으로 일한 돈은 남편이 남긴 빚
을 갚고 나면 얼마 남지 않았습니다.

아이가 초등학교 6학년이 되었을 때 수학여행이 있었습니다.

급식비를 내는 데에도 필사적이었기에 수학여행 비용을 내는 것이 부
인에게는 아무래도 불가능했습니다.

수학여행 3일 동안 아이는 혼자서 우두커니 교실에 남아 자습을 하게
되었습니다.

수학여행 마지막 날 밤, 부인은 눈물을 쏟으면서 아이에게 사과했습니다.

"미안해. 엄마가 수학여행도 보내주지 못해서. 미안해."

그러자 아이도 눈물을 흘리면서 **"엄마 울지 마. 괜찮아. 나는 공부하는 걸 좋아하니까. 더 열심히 노력할게. 엄마 울지 마"**라고 했고 둘은 서로 부둥켜안고 울었습니다.

사실 이 부인은 제 친구입니다.

물론 돌아가시기 전에 남편에게 보험을 권했습니다.

하지만 남편은 **"창업하자마자 보험료를 내는 것이 아까워요. 대출도 있으니까"**라며 보험에 가입하지 않았습니다.

하지만 이렇게 되고 나니 **"아, 그때 조금 더 권했어야 했는데. 나는 친구를 도울 수 없었구나"**라고 정말 후회했습니다.

보험에 가입만 했다면 사랑하는 아이와 부인에게 이런 괴로움을 주지 않았을 것입니다. 보험은 '사랑'입니다. 남겨진 가족에게 주는 '사랑'을 형태로 만든 것이 보험입니다. 이런 괴로움을 주지 않도록 가족에게 보내는 '사랑'을 표현하는 보험이 필요합니다.

어떤가?

제삼자의 예가 있으면 고객도 단숨에 자기 일처럼 생각할 수 있다.

'니즈의 결의와 확인'을
질문한다

다음으로 '니즈의 결의'와 '니즈의 확인' 질문이다.

'니즈 파고들기'에서 나타난 지옥의 상태를 바꾸고 싶다는 고객의 '결의'와 달리 고민이 없는지를 '확인'하는 단계다.

각각 인재 교육의 영업사원을 예로 들어 살펴보자.

· 문제 해결에 대한 '결의' 확인

영업

지금까지 이야기를 들으니 ○○이라는 것을 걱정하고 계신데, 그것을 바꾸고 싶다는 마음은 진정(강함)이십니까?

고객

네!

영업

어째서입니까?

고객

아직 가능성이 있다고 생각해서요.

포인트는 고객이 바꾸고 싶다는 마음이 정말로 강한지, 이 상황을 정말 바꾸고 싶은지 대화하면서 '결의를 확인'하는 것이다.

• '니즈의 확인' 질문(달리 문제가 없는지 확인한다)

영업

어떤 다른 걱정거리도 있으십니까?

고객

평가 제도도 정리되지 않았어요.

이처럼 달리 문제가 없는지 확인하지 않으면 마지막 클로징 단계에서 "아니요, 이런 다른 문제가 있어요"라고 부정(반론)이 나와서 계약에 이르지 못할 때가 있다. 그래서 사전에 부정(반론)이 나올 수 있도록 하자.

어디까지 가면
'니즈를 파고들었다고'
말할 수 있을까?

'니즈를 깊게 파고드는' 목표는 두 가지다.

(1) 긴급도(지금 당장)

(2) 중요도(진심으로)

이 두 가지 목표에 도달했는지를 알려면 다음과 같다.

"그래서 당신을 찾아 온 거예요!"

"정말로 이 상황이 지긋지긋해요."

이런 식의 고객의 '언어 정보'에서도 파악할 수 있지만, 하나 더 중요한 요소가 있다.

바로 '캘리브레이션(Calibration)'이다.

'캘리브레이션'이란 언어 이외의 상태로 상대의 심리상태를 확인하는 것이다.

언어 이외의 상태는 '표정'이 대표적인데, 자세, 호흡 속도, 목소리 톤이나 템포 등이 해당된다.

예를 들어 클로징을 시행하는 상황에서 "이쪽이 좋습니다"라고 잠재고객이 말해도 표정이나 목소리 톤이 어둡다면 '이대로는 계약이 이루어지지 않을 것이다'라고 추측할 수 있다. 캘리브레이션의 포인트는 세 가지다.

(1) 시각 정보 | 표정, 시선, 자세, 끄덕이는 모습
(2) 청각 정보 | 말투, 속도, 리듬
(3) 감정적 정보 | 온화한 분위기인가? 열의를 느끼는가?
차가운 분위기인가? 냉정한가?

계약 성사율을 높이려면 상대의 심리상태를 언어 이외에서 확인하는 '캘리브레이션 능력'을 높여야 한다. 상대의 상황을 이해하고 느끼는 일이 중요하다. 물론 갑자기 상담에서 사용하려고 해도 쉽지 않을 것이다.

요령은 무엇보다 '사람을 잘 살펴보는 것'이다. 일상에서 자주 연습해보자.

원츠 끌어올리기는
이렇게 하라

니즈 파고들기가 끝나면 다음은 원츠 끌어올리기로 가야 한다. 원츠 끌어올리기는 '스위트 드림 토크'라고 부르기도 한다. 구매 후의 달콤한 꿈을 보이는 부분이다.

원츠 끌어올리기에는 세 가지 포인트가 있다.

· 포인트1 '일이 잘 풀리는 모습을 상상하게 한다'

고객이 생생한 모습을 상상할 수 있도록 한다.

일이 잘 풀리는 경우를 떠올리게 하면 구매 의욕이 솟아난다.

인재 교육의 영업사원을 예로 들어 살펴보자.

영업

만약 연수제도를 도입했을 때 우수한 인재의 정착률이 올라가서 생산성도 향상된다면 어떨까요?

고객

정말 훌륭한 일이지요.

영업

그러고 보니 다른 고객은 담당자로서 평가가 올라 보너스가 1.5배가 되었다고 합니다. 아내가 매우 기뻐한다는 좋은 소식을 받았습니다.

• 포인트2 '대화 순서를 지킨다'

대화 순서는 니즈 파고들기(지옥) → 원츠 끌어올리기(천국)가 철칙이다. 반대로 원츠 끌어올리기(천국) → 니즈 파고들기(지옥)로 하면 잘 풀리지 않는다.

• 포인트3 'WHY에 초점을 맞춘다'

대화에는 레이어(단층)가 있다.

- WHY ｜왜?
- HOW ｜어떻게?
- WHAT｜무엇을?

실적이 부진한 영업사원은 상품 설명에 초점이 가 있다. 즉 HOW(어떻게)나 WHAT(무엇을)만 설명한다. 영업의 고수는 WHY,

즉 어째서 그것을 고객이 할(살) 필요가 있는지에 초점을 맞춘다.

"고객이 그 상품-서비스를 구매할 가치가 있는가?"

↓

"고객은 그 상품-서비스를 이용해서 풍요로워질 가치가 있기 때문이다."

이런 부분에 초점을 맞춘다.

참고로 "원츠 끌어올리기를 어디까지 하면 되는가?"도 자주 받는 질문이다. '원츠 끌어올리기'의 기준은 간단하다.

자신이 했던 연애를 떠올려 보자. 정말 좋아하는 사람을 생각하면 밤에도 잠이 오지 않는다. 그런 연애를 해본 적이 있을 것이다.

마치 이런 연애처럼 고객은 눈이 뒤집히지 않으면 계약하지 않는다.

"당신(당신의 상품-서비스)을 생각하면 밤에도 잠이 오지 않아요."

"가만히 있을 수가 없어요."

이런 상태로 가져가는 것이 '원츠 끌어올리기'의 기준이다.

파악해 두어야 할 '테스트 클로징'

여기까지 대본 영업 단계2의 '니즈 파고들기와 원츠 끌어올리기'에 대해 소개했는데, 단계3의 '상품 설명'에 들어가기 전에 꼭 필요한 것이 있다.

그것은 '테스트 클로징'이다.

테스트 클로징을 한 다음 '상품 설명'에 들어가는 것이 올바른 순서다.

많은 영업인이 '클로징 과정에서 고객의 심기를 불편하게 만들지 않을까' 걱정한다. 그렇게 되지 않는 클로징의 핵심이 '테스트 클로징'이다.

테스트 클로징이 없는 클로징은 그저 '강매'가 되고 만다.

일반적인 테스트 클로징의 정의는 "고객의 니즈(고민), 원츠(희망)가 자사의 상품, ○○으로 채워진다면 구매하고 싶은가?"라고 언질을 주는 것이다. 나의 테스트 클로징의 정의는 상담의 각 단계에서 대화를 앞으로 진행해도 되는지 확인하는 행위다.

예를 들어 '상품 설명'을 하기 전 테스트 클로징은 이런 느낌이다.

영업

지금 ○○씨의 이야기를 들으니 □□라는 걱정거리(문제)를 해소하고 △△라는 결과를 희망하고 있으신데, 이제부터 소개하는 상품이 ○○씨에게 정말 필요하지 않다면 무리하게 권하지 않겠습니다. 거절하셔도 됩니다. 이야기를 들으시겠습니까?

포인트는 이렇게 상대가 'YES'라는 상태가 된 후에 다음으로 진행하는 것이다. 테스트 클로징 문구를 좀더 짧게 한다면 **"만약 필요하지 않으시면 거절하셔도 됩니다. 이야기를 들으시겠습니까?"**라고 해도 된다.

테스트 클로징이 없는 클로징과 테스트 클로징이 있는 클로징의 차이를 생각해보자. 테스트 클로징이 없는 클로징을 고객은 어떻게 생각할까?

'설명을 들었더니 억지로 판매하네.' '강요를 받는 것 같네.'

이렇게 생각할 수도 있다. 강요받는다, 강매를 당한다고 생각하면 고객은 어떤 식으로 느낄까? 거절할 이유를 생각한다. 상품 설명을 듣고 있을 때 고객은 필요한지 아닌지가 아니라 어떻게 하면 거절할 수 있을지 생각한다.

예를 들어 '이 회사 수상하네' '이 영업사원은 강매를 하네' 혹은 '아직 필요 없는데'라고 거절의 이유를 생각한다.

테스트 클로징에서 "무리하게 추천하지 않습니다. 거절하셔도 괜찮습니다"라고 듣는다면 고객은 언제나 거절할 수 있으므로 그 상품-서비스가 '정말로 나에게 필요한가?'를 생각해준다.

그래서 테스트 클로징이 없는 클로징과 테스트 클로징이 있는 클로징은 고객의 기분이 전혀 다르다. 테스트 클로징은 필수적이다.

게다가 테스크 클로징에는 '숨겨진 의미'가 있다.

영업

만약 필요하지 않으시면 거절하셔도 됩니다. 이야기를 듣고 싶으신가요?

고객

네

이런 것은 무의식적으로 다음처럼 말하는 것과 같다.

영업

필요하시면 클로징해도 되겠습니까?

고객

네

어떻게 해야 즉시 결정을 내려줄까?

테스트 클로징에는 많은 영업사원이 고민하는 '어느 문제'를 해결하는 매우 중요한 역할이 있다.

그 문제는 바로 결론을 뒤로 미루는 일이다.

상담의 마지막에 고객이 "검토하고 싶습니다"라고 하면 '반론 해결'에서 뒤집어야 한다. 영업사원의 심정으로는 "검토하고 싶습니다"라는 말을 듣고 싶지 않다.

그러면 어떻게 해야 할까?

'바로 즉결을 촉진하는 테스트 클로징'을 하는 것이다.

예를 들어보겠다.

영업

○○씨, 좀 전에 '지금 이대로라면 도산할지도 모른다'고 하셨지요. (니즈 파고들기에서 나온 최악의 상황을 재현)

지금 상황을 바꿀 필요가 있다고 강하게 생각하고 계실 겁니다. 꼭 급히 서둘러야 하는 것은 아니지만, 조금이라도 좋다고 생각한다면 빨리 시작(구매)하시기 바랍니다. 그렇지 않아도 상관은 없지만, 대부분 '예스인지 노인지' 판단은 지금 이 자리에서 하십니다. 괜찮으시겠습니까?

즉 "괜찮으시다면 구매해 주세요. 그렇지 않더라도 오늘 이 자리에서 결단을 해주세요"라고 확인하는 것이다.

이 테스트 클로징에서 고객이 "네"라고 말했다면 일반적인 상식이 있는 사람은 클로징의 마지막에 "검토하겠습니다"라고 말하기 어려워진다. 그리고 진심으로 상품-서비스가 자신에게 필요한지 생각할 것이다.

드물게 이 즉결을 촉진하는 테스트 클로징에서 "네"라고 말했음에도 검토하고 싶다고 말하는 고객도 있다.

그런 경우는 고객이 모순되는 말을 하게 되므로 영업사원 측이 심리적으로 주도권을 쥘 수 있다.

"네? 구매할지 하지 않을지 판단을 한다고 말씀하셨는데요."

이렇게 고객에게 직접 말하지 않아도 심리적으로 우위에서 전개할 수 있다. 이것은 영업사원의 마인드를 지키기 위해서도 매우 중요하다.

그런데 이 테스트 클로징에서 "아니, 설명을 들으러 온 것뿐이라서요"라고 한다면 그 고객은 그대로 클로징해도 결정을 하지 않는다. 이때가 다시 이야기를 들을 것인지, 상담을 멈출 것인지 확인할 포인트가 된다. 테스트 클로징에는 다양한 대화 방식, 다양한 강도가 있다.

영업

○○씨, 저도 여러 고객에게 설명을 드려야 해서 정말 죄송하지만 회사의 지시로 ○○씨에게 같은 설명을 몇 번씩 할 수는 없습니다. 그러니 앞으로의 이야기를 들으시고 만약 마음에 드시면 꼭 오늘 시작해 주세요. 마음에 들지 않으시면 거절하셔도 됩니다. 괜찮으시겠습니까?

경영자 상대의 상담이었다면 이렇게 말할 것이다.

영업

경영자는 직원과 달리 결단하는 것이 업무라고 들었습니다. ○○사장님도 훌륭한 경영자이시니 정말 죄송하지만 지금 이 자리에서 판단하시기를 부탁드립니다.

일반적인 테스트 클로징은 다음과 같다.

영업

만약 필요가 없으시면 거절하셔도 됩니다. 이야기를 듣고 싶으신가요?

이것이 '상품을 설명'하기 전에 가장 짧고 간결하게 하는 테스트 클로징이다. 이상을 토대로 테스트 클로징의 '영업 대본'을 잘 다듬기 바란다.

제4장 정리

- **'니즈 환기'만으로 끝내지 말고 니즈 파고들기를 하자**

  - 니즈 파고들기의 원리원칙 1 | '고객의 고통을 자신의 고통으로 느낀다'

  - 니즈 파고들기의 원리원칙 2 | '고객의 결의를 확인할 수 있을 때까지 니즈를 깊게 파고든다'

  - 니즈 파고들기의 원리원칙 3 | '니즈 파고들기는 인간관계가 구축되어 있지 않으면 어렵다'

  - 니즈 파고들기의 원리원칙 4 | '무조건 순서는 니즈 파고들기→원츠 끌어올리기'

  - 니즈 파고들기의 원리원칙 5 | '거짓말을 하면 자신에게 되돌아온다'

  - 니즈 파고들기의 원리원칙 6 | '세일즈의 목적은 고객을 만일에서 지키는 것'

  - 니즈 파고들기의 원리원칙 7 | '일방적인 설명이 아니라 끌어내는 것이 중요하다'

- **원츠 끌어올리기는 고객이 '안절부절못하는' 상태가 될 때까지 한다**

- **'니즈 파고들기, 원츠 끌어올리기'가 끝나면 '테스트 클로징'을 실시한다**

제5장

대본 영업 단계3
'상품 설명'

상품 설명은
'FABEC 공식'으로
하면 완벽하다

이제부터 이야기하는 것은 FABEC이라고 하는 상품 설명의 최
강의 공식이다. 세일즈 기술이 날로 진화하는 미국에서 생긴 방식
으로 실전에서 활용할 수 있다.

- F | **FEATURE**(특징)
- A | **ADVANTAGE**(특장)
- B | **BENEFIT**(이익)
- E | **EXPLANATION**(설명)
- C | **CONFIRMATION**(확인)

FABEC은 각 단어의 앞 글자를 딴 것이다. 여러분의 상품 설명
을 'FABEC 공식'의 틀에 맞추면 자동적으로 설득력 있는 상품 설
명이 된다. 그러면 각각에 대해 설명하겠다.

FEATURE(특징)과 ADVANTAGE(특장)

먼저,

'FEATURE(특징)'

'ADVANTAGE(특장)'

이 두 가지 차이에 대해 이야기하겠다. 문자 그대로의 의미는 다음과 같다.

특징 | 다른 것과 달리 눈에 띄는 점

특장 | 다른 것과 달리 뛰어난 점

그리고 다음과 같이 사용한다.

- **이 카메라의 '특징'은 무게감이 있고, 건전지가 들어간다는 점** (특징)
- **이 카메라의 '특장'은 건전지가 오래간다는 점** (특장)

이처럼 뛰어난 점에 대해서는 특장을 사용한다.

예를 들자면 다음과 같다.

·면접에 떨어지는 사람의 '특징' ○

·면접에 떨어지는 사람의 '특장' ×

이것이 '특징'과 '특장'의 차이다.

어느 쪽이든 '특징(눈에 띄는 점)'과 '특장(뛰어난 점)'은 잠재고객의 요망에 직결되지 않을 가능성이 있다. 먼저 이것을 이해하도록 하자.

BENEFIT(이익)

다음으로 BENEFIT(이익)의 이야기를 하겠다.

이것은 잠재고객의 니즈, 원츠에 상품 설명을 직결시키는 가장 중요한 항목이다.

앞에서 인간관계를 구축해서 니즈 파고들기(지옥을 보이는), 원츠 끌어올리기(천국을 보이는)를 해왔다. 그리고 상품 설명으로 자신의 상품-서비스에 맞추는 것이 BENEFIT(이익)이다.

구체적으로 다섯 가지의 사용법이 있다.

(1) 니즈, 원츠가 이익이 되도록 한다

(2) 성과를 알기 쉽게 수치 등으로 나타낸다

(3) 실제로 장점을 느끼게 한다

(4) 고객의 목소리를 이용한다

(5) 상품을 이용한 자신의 감상을 전달한다

이것이 어떤 것인지 예를 들어 자세히 설명하겠다.

(1) 니즈, 원츠가 이익이 되도록 한다

특징 | 이 집은 넓은 거실이 있습니다.

특장 | 이 집은 아주 멋진 넓은 거실이 있어서, 홈-파티를 즐길 수 있습니다.

이익 | ○○씨, 좀 전에 자금을 원조해 주시는 부모님에게 효도하고 싶다고 하셨는데, 부모님을 모시고 ○○씨의 아이와 함께 홈-파티를 한다면 정말 기뻐하실 겁니다. 이 거실에서 정말 멋진 가족 추억 만들기와 효도를 할 수 있어요!

이런 식으로 고객의 이익을 구현시킨다. 니즈와 원츠가 이익이 되도록 하는 것은 대화 과정에서 들은 지옥과 천국을 상품에 적용하는 것이다.

(2) 성과를 알기 쉽게 수치 등으로 나타낸다

예를 들어 '성과를 내는 창업 학원'이라고 하면 잘 와닿지 않는다. '입학 후 단 석 달 만에 월 매출이 폭발적으로 증가한 창업가 198명 배출, 맨투맨으로 완전 지원하는 창업 학원'이라고 말해야 성과가 잘 전달된다.

(3) 실제로 장점을 느끼게 한다

실제로 체험하면 고객이 상품을 구매한 후의 느낌이 생생하게 전달된다. 자동차를 구매한다면 '시승 체험', 주택 구매라면 '견학'을 하게 한다. 자신의 상품을 어떻게 체험시킬 수 있는지를 생각해보기 바란다.

(4) 고객의 목소리를 이용한다

모아둔 고객의 목소리를 활용하면 BENEFIT(이익)이 전해진다. 고객이 보낸 감사 편지, 고객의 기쁨의 목소리가 담긴 '동영상' 등을 사전에 모아두자.

(5) 상품을 이용한 자신의 감상을 전달한다

"이 화장품은 최신 제품으로 지금까지 나온 제품과 비교하면 피부의 윤기가 완전히 다릅니다."

이 대화에는 감상이 없으므로 설득력이 없다.

여기에 자신의 감상을 추가해보자.

"이 화장품은 지금까지 추출하지 못했던 ○○○○이라는 성분을 △△대학에서 개발하고 특허를 내서 올해 발매된 신상품입니다. 물론 저도 구매했는데, 피부가 팽팽해져서 윤기가 흐르고, 깜짝 놀랄 정도로 투명해

졌어요. 친구가 저를 보더니 어떻게 된 거야? 20대 피부 같아! 연애라도 시작한 거야?라고 하더군요."

이런 식으로 자신의 감상을 전달하면 상품 설명이 더 매력적이 된다.

EXPLANATION(설명)과 CONFIRMATION(확인)

EXPLANATION(설명)은 간단하다.

상품을 설명할 때 고객이 '이유'를 물으면 FEATURE(특징), ADVANTAGE(특장), BENEFIT(이익)으로 돌아가서 다시 한번 설명하는 것이다.

그리고 최후에 CONFIRMATION(확인)이다.

상품 설명에서 무언가 질문이 있는지, 잠재고객에게 확인하는 단계다.

말하자면 '테스트 클로징'이다.

"질문이 있으십니까?"

"이해되지 않는 점이 있으십니까?"

이런 식으로 테스트 클로징을 하자.

상품 설명의
구체적인 예

그러면 자동차 영업사원(도요타 프리우스)의 예를 살펴보자.

영업

프리우스는 하이브리드 자동차이므로 가솔린 엔진만이 아니라 하이브리드 모터로 움직입니다. 기존의 가솔린 자동차와 비교해서 엔진의 부담이 적습니다.

※다른 것과 비교해서 눈에 띄는 점(FEATURE=특징)

고객

아하, 그렇군요.

영업

하이브리드 자동차인 프리우스의 가장 큰 장점은 연비입니다. 연비가 기존 자동차의 배가 되니까요. 따라서 주유 비용이 매우 절약됩니다. 한 달에만 엔의 정도 주유 비용이 든다면 그중에 5,000엔이 절약되는 것이지요. 5,000엔×12개월이므로 연간 6만 엔이나 이득을 볼 수 있습니다. 하이브리드 자동차에는 감세 등의 혜택이 있으므로 그에 따른 이득도 볼 수 있지요.

※다른 것보다 특히 뛰어난 점(ADVANTAGE=특장)

고객

와, 대단하네요.

영업

그렇습니다. 가격으로도 이득인 것은 물론 다른 장점도 있습니다. 얼마 전 고객님이 한적한 주택가에 살고 있어서 주변을 생각하면 자동차의 엔진소리가 신경 쓰인다고 하셨지요. 특히 밤에 시동을 걸고 스타트 모터가 돌아갈 때 쿠릉쿠릉 하는 소리가 상당히 신경 쓰인다고 하셨습니다. 프리우스는 하이브리드 자동차라서 스타트 모터를 돌리지 않고 시동을 걸기 때문에 매우 조용합니다. 그래서 주변을 신경 쓰느라 받는 스트레스도 없어지지요. 물론 운전할 때 엔진소리도 신경 쓰이지 않을 정도로 조용하므로 운전에도 여유가 생기고 드라이브를 즐길 수 있습니다. 그러면 시승해 보시겠어요? (실제 자동차를 보이면서 설명한다. 시승 등으로 체감)

※이야기를 들으며 파악한 고객의 니즈와 원츠를 상품 설명에 넣는다(BENEFIT=이익)

고객

음, 일반적인 자동차와 다른 것이 끌리네요.

영업

그렇죠! 일반적인 자동차와 조금 다른 것을 원한다고 하셨는데요. 그래서 하이브리드 프리우스가 딱 맞습니다. 예전에는 비싼 고급차가 트렌드였지만, 최근에는 부자들도 벤츠도 BMW도 아닌 프리우스를 구매하고 있어요. 왜냐고 이유를 물으면 하이브리드 자동차로 인해 지구 환경도 배려하는 높은 환경 의식이 멋있어 보여서라고 해요. 그래서 ○○씨처럼 차이를 아는 분이 타시기를 바라는 거예요.

※이유를 물으면 특징, 특장, 이익으로 돌아가서 설명(EXPLANATION=설명)

영업

질문이 있으신가요?

※상품 설명의 테스트 클로징(CONFIRMATION=확인)

고객

아니요, 괜찮습니다.

제5장 정리

- 상품 설명은 'FABEC의 공식'이 효과적

- F | 특징(FEATURE)→다른 것과 비교해서 눈에 띄는 점

- A | 특장(ADVANTAGE)→다른 것보다 뛰어난 점

- B | 이익(BENEFIT)→고객의 니즈와 원츠에 직결시킨다

- E | 설명(EXPLANATION)→이유를 물으면 특징, 특장,
  이익으로 돌아가서 설명

- C | 확인(CONFIRMATION)→상품 설명의 테스트 클로징

제6장

대본 영업 단계4
'클로징'

톱 영업사원은
거절당하는 일에
대해 어떻게 생각하는가?

이제 단계4 '클로징'으로 가보자.

영업이 서툰 사람은 클로징에 불편한 의식이 있는 경우가 많다.

그리고 '클로징'에 대한 불편한 의식은 애초에 '클로징 기술'을 모르는 것은 물론, '반론(고객의 검토 요망)에 반격하지 못해 클로징이 무섭다'는 것이 큰 원인인 경우가 많다.

'반론 처리(반론 해결)'는 다음의 다섯 단계에서 체험할 텐데, 먼저 '거절'에 대한 마인드 조절이 클로징을 하는 데에 중요하다.

일단 '거절이 어떤 일이냐?'면, 단순히 고객이 여러분(영업사원)의 진심을 시험해 보는 일일 뿐이다.

예를 들어 연애 심리로 생각해보면 알기 쉽다.

남성이 여성에게 고백하는 장면을 상상해보자.

남성

좋아해.

여성

진심이야?

남성

진심이야!

여성

가벼운 마음 아니야?

남성

줄곧 좋아했어.

이런 대화는 자연스럽다.

이처럼 고객도 당신의 진심이 어느 정도인지 시험해 볼뿐이다.

다시 클로징 이야기로 돌아가서, 기존의 클로징 화법은 "어떻게 결단을 내리도록 하는가?"에 초점을 맞추어 갈고닦았다. 그래서 영업사원도 고객도 서로에게 스트레스였다. 이제부터 체험하는 클로징은 "어느 쪽을 고르게 할 것인가?"라는 선택 클로징이므로 스트레스가 전혀 없다.

"A와 B, 어느 쪽이 좋다고 생각하십니까?"라는 식으로 고객이 선택

하는 클로징은 고객에게도 영업사원에게도 스트레스 없이 계약으로
유도하는 최신 클로징 기술이다.

선택하는 클로징의 다섯 단계

그러면 '선택하는 클로징'을 체험해보자.

이 '클로징 기술'은 정말로 간단하다.

· 단계1 | 예산의 수준을 자연스럽게 전달한다

고객에 따라서 그 상품-서비스의 예산 수준을 모르는 사람도 있으므로 금액 제시를 했을 때 예산 수준과 꽤 어긋나면 "그렇게 비싸면 살 수 없어요"라며 계약이 이루어지지 않을 가능성이 있다. 그래서 사전에 예산의 수준을 전달하는 것이다.

예산의 수준을 전달하는 방법은 간단하다.

가령 주택의 영업이라면 "보통 이 지역의 신축 아파트는 얼마 정도인지 아십니까?"라는 느낌으로 고객에게 자연스럽게 묻는다.

· 단계2 | 다수의 계획에서 선택하게 한다

예전에는 '결단하게 하는 클로징'에 초점이 맞춰졌기 때문에 고객도 영업사원도 서로 스트레스가 있었다. 그렇다면 "A, B, C 중 어느 것이 좋다고 생각하십니까?"라고 고르게 하면 된다.

예를 들어 "300만 엔, 200만 엔, 100만 엔의 계획이 있는데, 어느 것이 괜찮으십니까?"라고 고르게 하는 클로징이다.

• 단계3 | 높은 금액부터 제시한다 (사전에 조사한 한도 금액)

금액을 제시할 때의 원칙은 높은 금액부터 제시하는 것이다.

낮은 금액부터 서서히 높은 금액을 제시하면 고객은 '앞으로 비싼 상품을 제시하지 않을까?'라고 걱정할 가능성이 있기 때문이다. 간단한 금액 제시의 방법은 높은 금액부터 제시하는 것이다.

• 단계4 | 선택을 칭찬하고 이유를 묻는다(자기 설득)

가령 고객이 "B계획이 좋네요"라고 말한다면 "역시 잘 선택하셨습니다"라고 칭찬한다. 그리고 다음으로 "왜 그렇게 생각하셨나요?"라고 질문한다.

"○○이라는 이유로 좋다고 생각했어요"라고 대답한다면 "맞아요. 좋은 생각이십니다"라고 칭찬해서 자기 설득을 하게 한다.

• 단계5 | 가격 할인(서비스) 교섭을 남기고, 교섭에서 고객이 이기게

한다

만약 '가격 할인'이 가능하다면 할인되는 금액을 교섭의 카드로 남겨두는 방식도 있다. 목적은 교섭에서 '고객이 이긴 기분이 들게 하는 것'이다. '가격 할인'이 아니라 추가 서비스라도 상관없다.

이상으로 '선택하는 클로징'의 다섯 단계를 살펴보았다.
매우 간단하니 꼭 활용해 보기 바란다.

선택하는 클로징의
구체적인 예

그러면 인재 교육 회사의 영업사원 예시를 통해 '선택하는 클로징'을 구체적으로 살펴보자.

영업

참고로 기업에서 도입하는 인재 교육의 연수 비용은 인원수나 기간, 물론 내용 등에 따라서도 차이가 있지만, 연간 500~600만 엔 혹은 1,000만 엔 정도가 시세입니다.

※단계1 예산 수준의 제시

고객 (인재 교육 담당)

아, 그렇군요. 그렇게 비싼가요.

영업

그렇습니다. 하지만 이번에 귀사는 저희 회사의 연수가 처음이시니 갑자기

풀-패키지를 구매하기는 힘드실 테고, 특별히 귀사에 맞춘 시험계획을 가지고 왔습니다.

고객 (인재 교육 담당)

고맙습니다.

영업

설명을 드리자면 ○○을 중시한 A계획의 연수 비용이 300만 엔, △△의 B계획이 200만 엔, 일단 □□하려고 하는 것이 C계획으로 100만 엔입니다. 이 3가지 계획이라면 어느 것이 괜찮으십니까?

※단계2 '다수 계획에서 고르게 한다' & 단계3 '높은 금액부터 제시한다'

고객 (인재 교육 담당)

그렇군요. 역시 A계획이 좋겠네요.

영업

잘 선택하셨습니다! 그런데 왜 A계획이 좋다고 생각하셨나요?

※단계4 '선택을 칭찬하고 이유를 묻는다'

고객 (인재 교육 담당)

A계획이 저희 회사의 실정에 맞는다고 생각했어요.

영업

역시 그러시군요. 저도 귀사에는 A계획이 최적이라고 생각합니다. 그러면 이번에는 소비세를 서비스로 해드리겠습니다.

※단계5 '고객이 이기게 한다'

고객

아, 감사합니다!

영업

그러면 시작 시기인데, ○월과 △월과 □월, 언제가 좋으신가요?

※단계2 '다수 계획에서 고르게 한다'

이처럼 고르게 하고, 또 고르게 해서 마지막에 사인을 받으면 된다.

이렇게 '고르게 하는 것'은 클로징의 혁명이다.

예전에는 결단에 관한 대화, 즉 "결정해 주세요!"라는 클로징 대화를 영업사원이 열심히 연습했지만, 지나치게 직접적이라서 고객도 영업사원도 서로 스트레스였다.

그러나 '선택하는 클로징'은 원하는 것을 고르게 할뿐이므로 서로에게 스트레스가 없다.

선택하는 클로징의
주의점

이제 클로징에서 주의할 점을 두 가지 소개하겠다.

· 주의점1
'고객은 클로징에서 의욕이 내려간다'

상담이 시작되어 '인간관계 구축' 니즈 파고들기와 원츠 끌어올리기, '상품 설명'까지 가면 고객은 사고 싶은 마음이 커진다.

그러나 여기까지 오면 '클로징'에 따른 금액을 알게 되므로 필연적으로 고객의 사고 싶은 마음이 가장 줄어든다.

따라서 고객의 구매의욕이 내려가는 것이 느껴지면 "이것이 좋습니다!"가 아니라 "만약 구매하신다면"이라는 식의 원츠 끌어올리기를 다시 실시해서 사고 싶은 기분, 의욕을 다시 한번 올려야 한다.

금액 제시에서 의욕이 내려간 상태라면 구매에 이르지 않는다.

그래서 후반 부분에서 의욕을 북돋아야 한다.

· 주의점2

'고객은 가장 중간의 가격대를 고르는 경향이 있다'

두 번째 주의점은 A, B, C 3가지 계획을 제시한 경우 고객이 가장 중간의 가격을 고르는 일이 많다는 점이다. 따라서 정말로 추천하고 싶은 계획을 중간에 넣어 제시하도록 하자.

이 두 가지 주의점을 새겨두고, 고객이 선택하는 클로징에 도전해보자.

클로징 기술 응용편1
'액션 클로징'

그러면 다음으로 '선택하는 클로징'의 응용편을 소개하겠다.

먼저 '액션 클로징'이다.

방식은 간단하다.

계약서나 신청서에 사인을 받을 때, '고객에게 펜을 건네는' 클로징 방법이다. 고객이 펜을 받으면 승낙한 것이 된다.

이때는 세 가지 포인트가 있다.

포인트 1 | '자연스럽게 행동한다'

펜을 힘껏 내밀면 고객은 긴장한다. 자연스럽게 행동하고, 태연하게 펜을 건네도록 하자.

포인트 2 | '사전에 계약서를 살짝 보이게 둔다'

갑자기 펜을 내밀면 고객은 깜짝 놀란다.

포인트는 고객과의 면담 중에 계약서나 신청서를 자연스럽게 보이는 일이다. 계약서나 신청서를 살짝 보이면 고객은 상품 구매에 대해 신중하게 생각한다. 그리고 테스트 클로징을 함께 하면 물건은 사지 않고 구경만 하는 고객(진심으로 상품 구매를 생각하지 않는)을 프레젠테이션 도중에 배제할 수 있다.

잠재고객이 아닌 사람에게 시간을 쓰는 것만큼 영업인에게 낭비는 없다.

포인트 3 | '세부적인 것도 놓치지 않는다'

내 실패담을 통해 '액션 클로징'에서 주의할 점을 이야기하고자 한다.

내가 세일즈 초보일 때 이 액션 클로징을 알고 클로징의 마지막에 고객에게 펜을 건넸다. 그런데 고객이 펜 끝을 가만히 바라보다가 한마디를 던졌다.

"생각해 볼게요."

결국 고객은 검토해 보겠다고 한 뒤 계약을 하지 않았다.

무슨 일이 일어난 것일까?

바로 볼펜심이 나와 있지 않았던 것이다.

단지 그것뿐이었는데, 계약을 놓치는 계기를 마련하고 말았다.

고객에게 생각할 틈을 주면 이와 같은 일이 생길 수도 있다.

"신은 디테일에 있다"라는 말이 있듯이 여러분도 세부적인 것을
놓치지 않기를 바란다.

클로징 기술 응용편2
'간주하는 클로징-긍정암시법'

클로징의 기본 사고방식이 무엇이라고 생각하는가?

그것은 '유도(誘導)'다.

고객은 우리의 상품-서비스를 경험한 적이 없다.

따라서 우리의 설명을 100% 이해하고 납득한다고 해도 당연히 미지의 대상이므로 불안하게 생각한다. 그래서 유도할 필요가 있다.

톱 영업사원은 클로징할 때 유도하는 화법, 간주하는 클로징-긍정암시법을 사용한다.

간주하는 클로징이란 고객이 '구매'한다는 전제를 마음대로 만들어 자연히 이야기를 진행하는 클로징 화법이다.

다음 대화를 살펴보자.

영업

언제쯤 도착하면 될까요?

고객

그러면 토요일 오전 중에요.

어떤가? 자연스러운 대화다.

그러나 사실 이 단계에서 고객이 명확한 '구매' 의사표시를 하지 않았다면 어떨까?

영업사원이 '구매'한다는 의사표시를 한 것으로 간주하고 이야기를 진행하면 고객은 "아직 사겠다고 하지 않았어요"라고 말하지 못하고 어쨌든 상담이 진행되어 설득당하는 사람도 있다.

다만 강인한 화법이므로 실제 현장에서는 구매할 마음이 있는지 확실히 하지 않는 고객의 구매의욕을 확인하기 위한 화법이다.

다음으로 실패한 사례를 보자.

영업

이야기를 이해하신 듯한데, 언제쯤 시작하려고 하시나요?

고객

글쎄요. 만약 시작한다면 다음 주부터가 되겠네요.

영업

알겠습니다. 그러면 좋은 타이밍이니 다음 주부터 시작하시지요.

'만약 시작한다면'이라는 대사에서 고객의 마음이 굳어지지 않았음을 알 수 있다. 따라서 이 단계에서 클로징을 한다면 계약을 놓치게 된다. 다시 한번 '니즈 파고들기' '원츠 끌어올리기' '상품 설명' 등의 영업 대화 전반으로 돌아가서 의욕을 북돋을 필요가 있음을 알 수 있다.

제6장 정리

- 선택하는 클로징의 단계1 | 예산의 수준을 자연스럽게 전달한다

- 선택하는 클로징의 단계2 | 다수의 계획에서 고르게 한다

- 선택하는 클로징의 단계3 | 높은 금액부터 제시한다

- 선택하는 클로징의 단계4 | 선택을 칭찬하고 이유를 묻는다

- 선택하는 클로징의 단계5 | 가격 할인(서비스) 교섭을 남긴다

제7장

대본 영업 단계5
'반론 해결'

반론 해결은 반드시
예상해두어야 한다

그러면 5단계의 마지막, '반론 해결'로 가보자.

고객에게 클로징의 마지막에 "검토해 보겠습니다"라는 말을 들었다면 기운이 쭉 빠질 것이다. 이를 대비하지 않았다면 그대로 "그러면 나중에 답신을 주세요"라고 뒤로 미뤄서 계약을 놓치게 된다. 그럴 때는 어떻게 해야 할까? 다음과 같은 마법의 공식을 체험해보자.

반론 해결에는 4단계가 있다.

• 단계1 | 질문을 통해 검토(반론)한다는 상황을 명확히 밝힌다

"검토해 보겠습니다"라고 들으면 "어떤 점을 검토하려고 생각하십니까?"라고 묻는다.

무엇을 검토하고 싶은지 명확히 하는 것이다.

• 단계2 | 반론에 공감하고 칭찬해서 듣는 자세를 만든다

예를 들어 "금액 때문에……"라고 들으면 "알겠습니다. 그렇게 생각하셨군요"라고 공감한다. 그리고 "○○씨는 금전 감각이 확실하시네요"라는 식으로 칭찬해서 고객이 마음을 열고 영업사원의 이야기를 듣는 자세를 만든다.

• 단계3 | 제안한다

가령 "다른 고객도 처음에는 ○○이라고 생각하셨지만, △△라는 이유로 시작(구매)하셨습니다"라고 제안한다.

• 단계4 | 고객이 제안을 받아들여도 되는 이점(명확한 이유 부여)을 말한다

"그 이유는 ○○이 있습니다"라는 식으로 이유(이점)를 이야기한다.

이 4단계의 흐름으로 반론 처리를 해서 마지막에 다시 한번 클로징을 한다.

그러면 각각의 단계를 소개하겠다.

반론 해결 단계1
'질문을 통해 검토(반론)한다는 상황을 명확히 밝힌다'

반론 해결의 단계1에서는 '고객이 어떤 상황인지?'를 질문할 필요가 있다.

- 어째서 검토하려고 하는가?
- 금액 때문인가? (총액이 비싼가? 월별로 지불해야 하는 금액이 비싼가?)
- 기간(납기) 때문인가?
- 반대하는 사람이 있는가? (결재권자가 따로 있는가?)
- 내용에 신경 쓰이는 부분이 있는가?

고객이 무엇을 검토하려는지 모르면 해결할 방도가 없다.

당연한 말이지만, 특히 신입 영원사원은 대개 움츠러들어 고객에게 물어보지 못한다. 또는 처음부터 물어볼 생각 자체를 못하는 경우도 있다. "검토해 보겠습니다"라는 말을 듣고 기운이 빠져서 아무것도 하지 않고 돌아오는 것이다.

이래서 반론 해결이 시작도 못하는 경우가 대부분이다.

따라서 '반론, 검토가 있는 것이 당연하다'라는 마음으로 프레젠테이션에 임하기 바란다.

이 질문의 포인트인데, 상냥하게, 부드럽게, 미소 띤 얼굴로

"어떤 점을 검토하려고 하시나요?"

라는 식으로 물어보자.

여러분과 인간관계가 형성되어 있다면 분명히 가르쳐 줄 것이다.

반론 해결 단계2
'반론에 공감하고 칭찬해서 듣는 자세를 만든다'

고객의 반론에 먼저 '공감'해야 고객이 마음을 열고 듣는 자세를 보인다.

반론 해결의 단계2는 고객에게 검토하고 싶다는 이유를 들은 다음에 '공감'하는 것이다.

"그러시군요. 알겠습니다. 돈을 지불할 수 있는지 없는지가 중요하시기 때문이네요."

"그러시군요. 남편 분의 이해를 얻을 수 있을지 없을지가 걱정이시군요."

"그러시군요. 저도 같은 경험이 있어서요."

이렇게 전력을 다해 공감해야 한다.

그리고 칭찬한다.

"역시 비용 대비 효과를 확실히 생각하시는군요."

"가족을 소중히 하는 마음이 훌륭하세요."

"신중하게 매사를 판단하시는 것이 멋지십니다."

이런 식으로 상대의 검토 이유를 승인해주자.

고객은 "검토하겠습니다"라고 말하면 영업사원이 싫은 표정을 지을 것이라고 생각한다. 그럴 때 오히려 진심으로 칭찬을 하면 고객은 영업사원의 이야기를 들을 자세가 된다.

반론 해결 단계3
'제안한다'

애초에 예상할 수 있는 반론의 종류는 그리 많지 않다.

크게 나누어 네 가지 정도가 된다.

(1) 그렇게 필요하지 않다

(2) 급하지 않다

(3) 돈이 없다

(4) 비싸다

'돈이 없다'와 '비싸다'는 똑같은 말이 아닌가 싶은 사람도 있겠지만, 사실 반론의 방식에서 이 두 가지는 종류가 다르다.

나중에 설명할 테니 일단 각각의 대처법을 구체적으로 살펴보자.

(1) 그렇게 필요하지 않다

고객이 '필요 없다'고 말했을 때는 어떻게 해야 할까?

구매 심리학에서는 사실 약 85%의 고객이 확실한 욕구를 느끼지 않는다고 한다.

즉 고객 자신도 막연하게 '어떻게든 하고 싶은데'라고 생각하면서 확실하게 '자신이 무엇을 하고 싶은지' '어떻게 해야 하는지' 모르는 경우가 대부분이다.

이 거절은 가장 자주 등장하는데, 사실 가장 회피하기 쉽다.

'니즈 파고들기'로 돌아가서 주의 '깊게 니즈를 파고들어' 자신의 상품이 고객에게 필요하다고 인식하게 한 뒤 "진심으로(중요도) 어떻게든 하자!"라고 결의하게 만들면 된다.

사람은 변화에 두려움을 느낀다. 이때는 '정말 바꿔야 해!'라고 고객에게 생각하게 하는 것이 핵심이다.

(2) 급하지 않다

고객이 "급하지 않기 때문에"라며 검토하겠다고 말했을 때 어떻게 반론 처리(검토에 반격)를 할지 생각해보자.

시간을 끌거나 뒤로 미루는 것은 사람으로서 자연스러운 일이며, '급하지 않기 때문'이라는 거절 문구는 고객이 전형적으로 하는 대답이다.

즉 고객의 살 것 같은 태도에 속아서는 안 된다.

그러면 어떻게 해야 할까?

답은 간단하다.

'니즈를 깊게 파고드는' 것이 부족했으니 다시 돌아가야 한다.

'니즈 파고들기'의 목표를 기억하고 있는가?

- **긴급도** (지금 당장)
- **중요도** (진심으로)

고객이 지금 당장 이 상황을 개선하고 싶다(긴급도)는 시점까지 열심히 니즈를 파고들자. '제삼자 화법'을 활용하는 등 '니즈 파고들기'를 다시 실행한다.

그렇게 하면 고객은 '급하지 않다'고 말할 수 없다.

그리고 다음번부터는 테스트 클로징을 확실히 한다.

클로징에 들어가기 전에 다음과 같이 테스트 클로징을 한다.

"그러면 ○○씨 이제부터 △△이라는 당사의 서비스에 대해 이야기할 텐데, ○○씨가 좋다고 생각하시면 빨리 시작해 주세요. 마음에 들지 않으시면 물론 거절하셔도 상관없습니다. 괜찮으시겠어요?"

"만약 지금 당장은 아닙니다"라고 고객이 말한다면 그대로 클로징해도 절대로 계약이 이루어지지 않는다.

그 경우 클로징으로 진행하지 말고 니즈 파고들기를 다시 정성껏 실시해서 긴급도(지금 당장)를 재확인하자. 구체적으로 "지금 상황 그대로라면 어떤 단점이 있을까요?" "리스크 관리라는 관점에서 보면 어떨까요?"라는 식으로 질문해서 "긴급하지 않다"라는 반론을 해결하자.

(3) 돈이 없다

'돈이 없다'는 검토 이유는 엄청나게 큰 적이라서 반격할 방도가 없다고 생각하기 쉽다.

그러나 고객이 "돈이 없습니다"라고 하는 것은 속마음을 말해 준 것이다. 이것은 인간관계가 구축되고 있다는 의미이다.

오히려 반격하기 정말 어려운 것은 검토 이유를 말해주지 않는 잠재고객이다.

예를 들어 자신의 소중한 사람을 떠올려보자.

그 소중한 사람이 중병으로 수술을 해야 한다고 하자.

수술을 하지 않으면 생명에 문제가 있는 병이다.

그때 수술할 의사를 둘 중에 고를 수 있다.

- **의사A** | 수술비용 | 100만 엔 성공확률 99%
- **의사B** | 수술비용 | 10만 엔 성공확률 10%

어느 의사에게 수술을 부탁하겠는가? 당연히 의사A다.

소중한 사람 때문이라면 무슨 일을 해서든 돈을 모으려고 할 것이다. 결국 '긴급하다'면 누구라도 돈을 변통할 수 있다.

'니즈 파고들기'로 돌아가서 고객이 다음과 같이 결의하도록 촉진하는 것이 중요하다.

- **긴박감이 느껴진다** (긴급도, 지금 당장)
- **비용을 내는 것도 상관없다** (중요도, 진심으로)

고객은 돈이 있다. 다시 반복하지만, 돈이 있다. 그러니 고객의 주머니 사정을 마음대로 생각해서 좋은 상품-서비스를 권하지 않는 일이 없도록 하자.

고객은 여러분의 각오를 시험하고 있다.

참고가 될 사례를 소개하겠다.

영업

○○씨, 그러면 돈 이외의 점으로 보면 당사의 서비스를 시작해보고 싶은(구매해보고 싶은) 마음이 강하십니까?

고객

네, 시작하고 싶어요! (구매하고 싶어요!)

영업

그렇군요! 그러면 시작(구매)에 즈음해서 구체적인 절차를 도와드리겠습니다.

이 한마디로 고객의 지불 방식에 협력하게 되고, 고객은 상담에 응해주는 자세가 된다.

지불 방법을 묻는 방법은 간단하다.

"일괄 지불과 분할 지불 중에 어느 쪽을 희망하십니까?"

돈에 곤란함이 있다면 대부분 '분할'이라고 말할 것이므로 카드 할부를 권한다. 어째서 카드를 사용해서 분할을 제안하느냐면 다음과 같은 점이 있기 때문이다.

- **지불 의뢰 절차의 번잡함 해소**
- **지불을 일방적으로 멈추는 리스크 해소**

카드 지불, 분할 지불은 어디까지나 고객과 다음과 같은 점이 대

전제가 된다.

- **신뢰 관계가 구축되어 있을 것**
- **상품을 시작하고 싶은 마음이 확인되어 있을 것**

또한 지나치게 강인한 세일즈는 그저 강매가 되므로 고객을 위한다는 자세를 절대로 잊지 말아야 한다.

정리하자면 중요한 것은 다음과 같다.

- **고객에게 상품 구매의 희망이 있다**
- **지불에는 다양한 방법이 있다**

(4) 비싸다

고객이 검토하겠다며 이유로 내미는 문구 중에 '비싸다'는 말은 돈이 없다고 혼동하기 쉽다.

'돈이 없다'는 지불 능력이 없다, 혹은 지불하는 것이 어렵다는 의사표시이지만, '비싸다'는 제시된 상품이나 서비스가 가격에 알맞지 않다는 의사표시일 가능성이 있다.

물론 고객 자신이 명확하지 않고 모호하게 생각하는 경우가 있으므로 고객의 생각을 명확하게 하는 지점부터 시작하자.

고객이 '비싸다'는 말을 할 정도라면 이미 상담의 전반에 이상한 점이 있었을 것이다. 따라서 상담, 프레젠테이션 전반에 고객의 이야기를 듣는 단계로 거슬러 올라가서 생각하는 것이 기본이다. 상담, 프레젠테이션의 전반으로 거슬러 올라가는 것은 고객이 진정으로 원하는 것이 무엇인지 다시 듣는 일이다. 이때는 단순히 고객의 희망, 요망과 상품-서비스가 맞지 않을 가능성이 있다. 다시 정성껏 이야기를 들어서 수정하자.

그러면 구체적인 사례를 소개하겠다.

내가 실제로 어느 기업에 영업 컨설팅을 해서 매출이 전월 대비 200% 이상이 된 방법이다. **그것은 상품의 특징을 전달하는 것이 아니라 상품의 이점을 알기 쉽게 인상적으로 전달하는 일이다.**

일전에 동영상 편집용 노트북을 구매한 적이 있다.

가격은 약 40만 엔.

'노트북 치고는 비싸네'라고 생각했다. 판매원의 설명을 듣고 내가 더 망설이자 판매원은 동영상 제작 편집 전문가에게 바로 전화를 연결해주었다. 나는 이런 이야기를 들었다.

"가가타 씨, 그것은 단순한 컴퓨터가 아니에요. 동영상 편집 전문 기기입니다. 최고의 동영상 편집 전문가를 고용한다고 생각하세요. 가가타 씨가 일류 전문가라면 기기도 일류로 갖춰 주세요."

나는 멋진 이야기에 빠져들 수밖에 없었다.

일반적인 영업이라면 상품의 특징을 이도저도 아니게 설명하는 경향이 있다. 그러나 고객은 이해하기 쉽게 이점을 알고 싶어 한다.

예를 들어 인재 소개 비즈니스에서 인터넷 구인 사이트에 2주 동안 게재하면 150만 엔 정도가 드는 것이 시세라고 하자.

고객

150만 엔이요? 비싸네요.

영업

물론 비싸다고 생각하실 수도 있지요. 하지만 사장님, 이것은 일반적인 구인 광고가 아닙니다. 사장님의 오른팔을 찾는 일이지요.

사장의 오른팔, 즉 회사를 지탱하고 발전시키고, 우상향으로 매출을 올려줄 인재를 150만 엔에 찾는다면 저렴한 것이다. 물론 고객에게 이점을 전달한 다음에 상품의 특징을 설명할 필요가 있다.

중요하므로 반복해서 말하겠다.

고객이 '비싸다'고 하면 상품의 특징을 장황하게 설명하는 것이 아니라 고객의 이점이 되는 상품의 가치를 알기 쉽고 인상적으로 전달해야 한다.

반론 해결 단계4
'고객이 제안을 받아들여도 되는 이점(명확한 이유 부여)을 말한다'

반론 처리의 마지막 단계4, 제안을 받아들여도 되는 이점, '명확한 이유' 부여에 대해서 살펴보자.

고객을 잘 구슬려서 그 자리에서 '예스'를 받아낸다고 해도 고객이 진정으로 구매를 납득하지 못하면 계약 후에 취소가 발생할 가능성이 크다.

계약 직후 고객의 기억은 순식간에 사라져간다.

고객이 진정으로 납득해서 간단히 실행할 수 있는 이유를 부여하지 않으면 일시적으로 감정이 고조되어 계약을 했다고 해도 나중에 취소할 가능성이 커지는 것이다.

그것을 피하려면 고객이 납득해서 '스스로 구매했다'고 생각할 만한 명확한 이유를 부여해야 한다.

부동산 영업사원을 예로 들어 영업 대화를 하나 살펴보자.

영업

"그렇기는 하지만 돈이 들어서……"라는 고객님의 말씀은 잘 들었습니다. 참고로 ○○씨, 역사상 최저 금리나 제로 금리를 들으신 적 있으세요?

고객

네. 듣긴 들었습니다.

영업

금리가 낮은 현재는 주택 대출을 받기가 쉽고, 받는 것이 이득이지요. 반대로 우리 부모 세대는 돈을 저축해서 계약금을 준비한 다음 집을 짓는 것이 당연한 시대였지요. 일본 거품경제 시기의 주택 대출 금리는 최저 8.9%였기 때문에 3,500만 엔을 빌리면 35년 대출로 무려 총액이 약 1억 1,400만 엔까지 부풀었습니다. 무려 반 이상이 금리로, 총액이 원금의 세 배 이상이 됩니다. 그래서 거품경제 시기에는 아무리 큰돈을 가지고 있어도 계약금 20%가 없으면 집을 살 수 없었어요.

예를 들어 5,000만 엔짜리 집을 구매하려고 하면 1,000만 엔을 계약금으로 넣어야 했습니다. 일반적인 사람이 1,000만 엔을 저축하는 것은 좀처럼 불가능했겠지요?

고객

그렇죠!

영업

거품경제 시기의 금리 8.9%로 3,500만 엔의 물건을 35년 대출로 계산하면 총액은 1억 1,400만 엔. 한 달에 약 27만 엔입니다.

하지만 지금은 제로 금리, 역사상 최저 금리의 시대입니다. 금리 0.5%로 3,500만 엔을 35년 대출로 빌리면 총액 약 3,800만 엔. 한 달로 하면 겨우 약 9만 엔입니다(2019년 현재 인터넷 은행은 0.4%대인 곳도 있음). 같은 3,500만 엔의 물건이라도 거품경제 시기와 현재를 비교하면 총액의 차액은 1억 1,400만 엔과 3,800만 엔이므로 7,600만 엔이 됩니다! 한 달이면 27만 엔에서 9만 엔을 빼서 18만 엔이나 차이가 납니다. 계약금도 없고, 추가 지불도 없이 역사상 최저 금리! 이것은 예전과 비교하면 참으로 이상한 사태지요.

고객

정말 그렇군요.

영업

참고로 소비세는 사전에 발표가 있었습니다. 최근 10월부터 소비세가 올라간다고 합니다. 그러나 이 금리는 발표 없이 갑자기 올라갑니다. 언제 이 금리가 2%, 3%, 그 이상이 될지 알 수 없습니다. 그래서 금리가 최저까지 떨어진 지금 집을 사는 것이 이득입니다. 당연히 구매하지 않으면 손해고요. 그러면 아깝지 않을까요?

고객

그러네요.

영업

똑같은 돈을 낸다고 해도 한쪽은 방 두 개에 월세가 꾸준히 오르고, 한쪽은 방 세 개짜리 새집에 주차장도 있으며 월세처럼 꾸준히 돈은 나가지만 오를 걱정이 없다면 어느 쪽이 이득일까요?

고객

그러면 새로운 집에 돈을 쓰는 것이 이득이지요.

영업

맞습니다. 그러면 월세를 내는 집에 사는 것과 나만의 성이 되어주는 마이-홈을 구매하는 것, 어느 쪽이 좋다고 생각하십니까?

고객

물론 집을 사는 편이 낫지요.

영업

그렇지요! 그러면 이쪽에 사인을 부탁드립니다.

여기까지 설명하면 고객이 제안을 받아들여도 되는 이점(명확한 이유 부여)을 이야기한 셈이다.

지금까지 반론 해결, 반론 처리에 대해 알아보았다.
그러면 질문을 해보겠다.
반론 처리가 끝난 후 무엇을 할까?
바로 클로징이다.
영업 초보는 반론 처리 후 중요한 클로징을 잊어서 영문도 모른 채

상담이 종료되는 일이 의외로 많다.

따라서 반론 처리 후에는 반드시 "A와 B의 어느 쪽이 좋다고 생각하십니까?"라고 선택하는 클로징을 영업 대본에 넣어두자.

제7장 정리

- 반론 해결에는 네 가지 단계가 있다

- 반론 해결 단계1 | '질문을 통해 검토(반론)한다는 상황을 명확히 밝힌다'

- 반론 해결 단계2 | '반론에 공감하고 칭찬해서 듣는 자세를 만든다'

- 반론 해결 단계3 | '제안한다'

- 반론 해결 단계4 | '고객이 제안을 받아들여도 되는 이점 (명확한 이유 부여)을 말한다'

맺음말

마지막까지 읽어주셔서 정말 감사드린다.

마지막으로 정리를 해보겠다.

영업의 계약 성사율을 80% 이상으로 하기 위한 포인트는 세 가지가 있다.

- **포인트 1 | 구매 심리를 이해한다**
- **포인트 2 | 잘 팔리는 영업 대본을 만든다**
- **포인트 3 | 피드백을 받아서 계속 개선한다**

상품이 잘 팔린다는 것은 '자신이 잘 판다'는 것이다.

자신이 잘 팔면 자신감이 생긴다.

자신감이 생기면 인생의 주도권을 자신이 쥘 수 있다.

내 미션은 좋은 상품을 가지고 있는데 판매 방법을 몰라서 고생하는 사람을 위해서 자연스럽게 고객이 원하도록 이끄는 대본 영업 방식을 배울 수 있는 밀리언 세일즈 아카데미의 활동을 통해서 영업을 바꾸는 일이다.

　여러분이 이렇게 생각해도 괜찮다.

　'그렇다고 해도 영업은 어려워.'

　'걱정이네. 할 수 있을까?'

　그래서 내가 있는 것이다.

　나는 여러분 곁에서 항상 여러분을 응원하고 있다. 함께 전진해
나가자.

　언제 어디서든 실제로 여러분과 만날 날을 기대하고 있을 것이다.

여러분의 영업 컨설턴트 가가타 히로유키

옮긴이 **정지영**

대진대학교 일본학과를 졸업한 뒤 출판사에서 수년간 일본도서 기획 및 번역, 편집 업무를 담
당하다보니 어느새 번역의 매력에 푹 빠져버렸다. 현재는 엔터스코리아 일본어 전문 번역가로
활동 중이다.
주요 역서로는《비주얼 씽킹》,《1등의 생각법》,《자기긍정감이 낮은 당신을 곧바로 바꾸는 방
법》,《간단 명쾌한 NLP》,《업무를 효율화하는 시간단축 기술》,《기적의 집중력》등이 있다.

영업은 대본이 9할
:저자가 세일즈 고수가 된 이유

1판 1쇄 발행 2020년 12월 15일

지 은 이 | 가가타 히로유키(加賀田裕之)
옮 긴 이 | 정지영
발 행 인 | 최봉규

발 행 처 | 지상사(청홍)
등록번호 | 제2017-000075호
등록일자 | 2002. 8. 23.
주   소 | 서울 용산구 효창원로64길 6 일진빌딩 2층
우편번호 | 04317
전화번호 | 02)3453-6111 팩시밀리 02)3452-1440
홈페이지 | www.jisangsa.co.kr
이 메 일 | jhj-9020@hanmail.net

한국어판 출판권 ⓒ 지상사(청홍), 2020
ISBN 978-89-6502-295-4 03320

이 도서의 국립중앙도서관 출판시도서목록(CIP)은 e-CIP홈페이지(http://www.nl.go.kr/ecip)와
국가자료공동목록시스템(http://www.nl.go.kr/kolisnet)에서 이용하실 수 있습니다.
(CIP제어번호: CIP2020048347)

세상에서 가장 쉬운 통계학 입문

고지마 히로유키 | 박주영

이 책은 복잡한 공식과 기호는 하나도 사용하지 않고 사칙연산과 제곱, 루트 등 중학교 기초수학만으로 통계학의 기초를 확실히 잡아준다. 마케팅을 위한 데이터 분석, 금융상품의 리스크와 수익률 분석, 주식과 환율의 변동률 분석 등 쏟아지는 데이터…

값 12,800원 | 신국판(153x224) | 240쪽
ISBN978-89-90994-00-4 | 2009/12 발행

세상에서 가장 쉬운 베이즈통계학 입문

고지마 히로유키 | 장은정

베이즈통계는 인터넷의 보급과 맞물려 비즈니스에 활용되고 있다. 인터넷에서는 고객의 구매 행동이나 검색 행동 이력이 자동으로 수집되는데, 그로부터 고객의 '타입'을 추정하려면 전통적인 통계학보다 베이즈통계를 활용하는 편이 압도적으로 뛰어나기 때문이다.

값 15,500원 | 신국판(153x224) | 300쪽
ISBN978-89-6502-271-8 | 2017/4 발행

만화로 아주 쉽게 배우는 통계학

고지마 히로유키 | 오시연

비즈니스에서 통계학은 필수 항목으로 자리 잡았다. 그 배경에는 시장 동향을 과학적으로 판단하기 위해 비즈니스에 마케팅 기법을 도입한 미국 기업들이 많다. 마케팅은 소비자의 선호를 파악하는 것이 가장 중요하다. 마케터는 통계학을 이용하여 시장조사 한다.

값 15,000원 | 국판(148x210) | 256쪽
ISBN978-89-6502-281-7 | 2018/2 발행

통계학 超초 입문

다카하시 요이치 | 오시연

젊은 세대가 앞으로 '무엇을 배워야 하느냐'고 묻는다면 저자는 다음 3 가지를 꼽았다. 바로 어학과 회계학, 수학이다. 특히 요즘은 수학 중에서도 '통계학'이 주목받는 추세다. 인터넷 활용이 당연시된 이 시대에 방대한 자료를 수집하기란 식은 죽 먹기이지만…

값 13,700원 | 국판(148x210) | 184쪽
ISBN978-89-6502-289-3 | 2020/1 발행

주식의 神신 100법칙

이시이 카츠토시 | 오시연

이 책에서는 '주식으로 수익을 내고' '자산을 만들기 위한' 100가지 법칙을 다룬다. 45년간의 투자 경험을 바탕으로 열정을 담아 그 내용을 전한다. 솔직히 수없이 실패하고 넘어졌다. 그러나 그 실패에서 많은 것을 배웠다. 실패를 극복하고 쓴 100가지 법칙을 공개한다.

값 15,500원 | 국판(148x210) | 232쪽
ISBN978-89-6502-293-0 | 2020/9 발행

전부, 버리면

나카노 요시히사 | 김소영

꾸밈없이 올곧게, 심플하게 버린다고 하니 이 책이 세상에 나오게 된 경위는… 책을 출판하고 싶다는 오퍼가 셀 수 없을 만큼 왔지만, 그때마다 모두 거절했다. 저자는 전혀 흥미를 보이지 않았다는 단순한 이유 때문이다. 받은 기획서는 경영개혁에 초점을 맞춘 것뿐이었다.

값 15,000원 | 국판(148x210) | 208쪽
ISBN978-89-6502-294-7 | 2020/10 발행

생생 경매 성공기 2.0

안정일(설마) 김민주

이런 속담이 있죠? '12가지 재주 가진 놈이 저녁거리 간 데 없다.' 그런데 이런 속담도 있더라고요. '토끼도 세 굴을 판다.' 저는 처음부터 경매로 시작했지만, 그렇다고 지금껏 경매만 고집하지는 않습니다. 경매로 시작했다가 급매물도 잡고, 수요 예측을 해서 차액도 남기고…

값 19,500원 | 신국판(153x224) | 404쪽
ISBN978-89-6502-291-6 | 2020/3 발행

아직도 땅이다 : 역세권 땅 투자

동은주 정원표

부동산에 투자하기 전에 먼저 생각하고 또 짚어야 할 것들을 살피고, 이어서 개발계획을 보는 눈과 읽는 안목을 기르는 방법이다. 이어서 국토와 도시계획 등 관련 개발계획의 흐름에 대한 이해와 함께, 부동산 가치 투자의 핵심이라 할 수 있는 역세권 개발 사업에 대한 설명이다.

값 17,500원 | 신국판(153x224) | 320쪽
ISBN978-89-6502-283-1 | 2018/6 발행

리더의 神신 100법칙

하야카와 마사루 | 김진연

리더가 다른 우수한 팀을 맡게 되었다. 하지만 그 팀의 생산성은 틀림없이 떨어진다. 새로운 다른 문제로 고민에 휩싸일 것이 뻔하기 때문이다. 그런데 이번에는 팀 멤버를 탓하지 않고 자기 '능력이 부족해서'라며 언뜻 보기에 깨끗하게 인정하는 듯한 발언을 하는 리더도 있다.

값 15,000원 | 국판(148x210) | 228쪽
ISBN978-89-6502-292-3 | 2020/8 발행